8.-13. Schuljahr

Rudi Lütgeharm

Stationenlernen Globalisierung

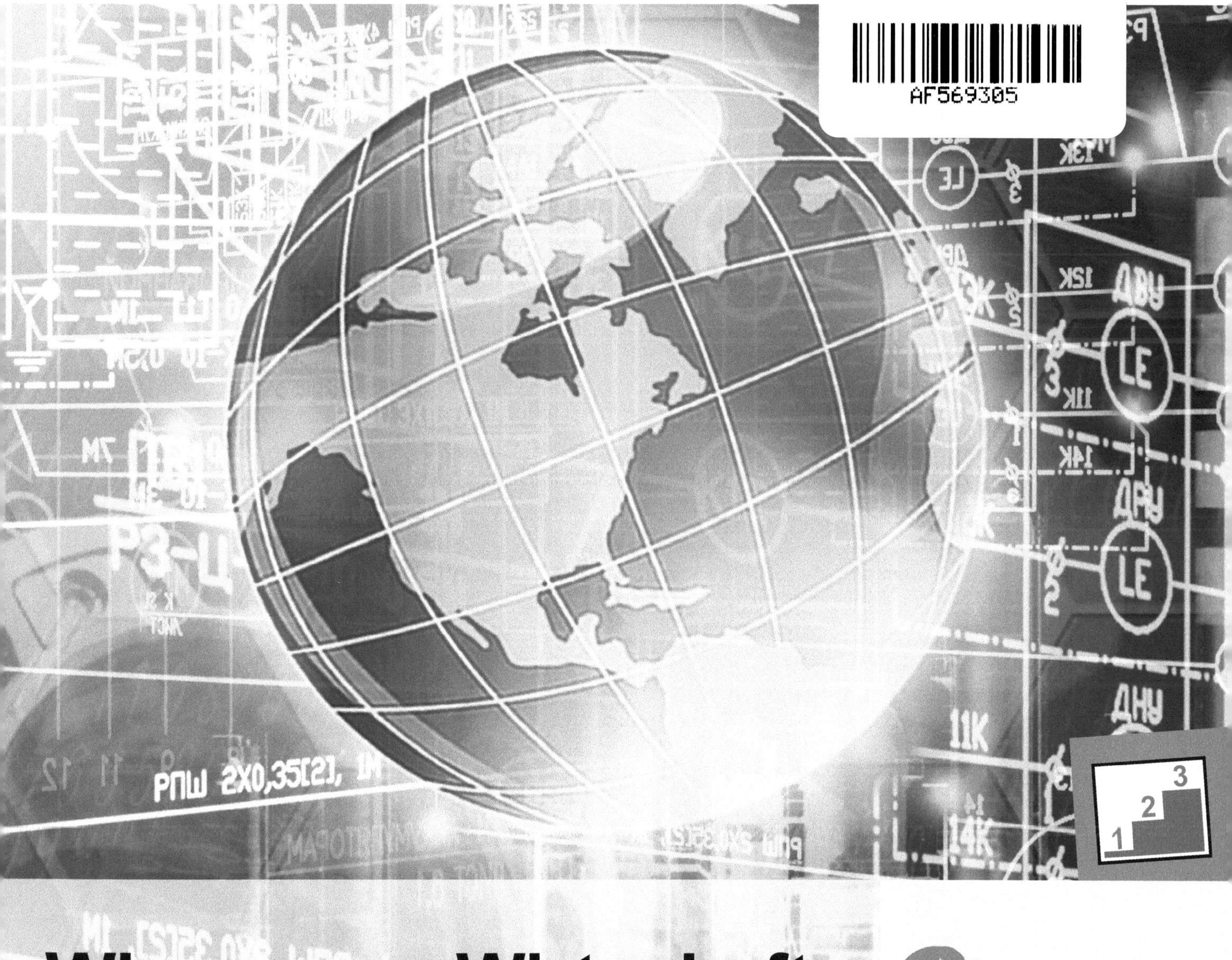

Wie unsere Wirtschaft zusammenwächst

www.kohlverlag.de

Stationenlernen Globalisierung

Wie unsere Wirtschaft zusammenwächst

4. Auflage 2025

Inhalt: Rudi Lütgeharm
Coverbild: © red150770 - AdobeStock.com
Redaktion: Kohl-Verlag
Grafik & Satz: Kohl-Verlag
Druck: elanders Druck, Waiblingen

Bestell-Nr. 12 396

ISBN: 978-3-96624-069-7

Bildquelle © Adobe.Stock.com

S.2: Africa Studio; S. 5: MQ-Illustrations; S. 6: imaginando; S. 7: Rawpixel; S. 11: VRD, DOC RABE Media; S. 14: 123levit; S. 15: orelphoto, argentum Auto, antto Notebook, Dejan Jovanovic, stas111 Noten, cosmicanna, Tatjana Balzer, strichfiguren.de; S. 16: Karen Roach, Sergey Peterman, cosmicanna; S. 18: Cybrain, lily; S. 20: OceanProd, Oliver Hauptstock, CrazyCloud, Mellimage, Atstock Productions; S. 21: blende11.photo, koya979, N. Theiss, bakhtiarzein, chocolatefather; S. 22: Destina, ilolab, godfather744431, Ricochet64, ilyanatty, VRD; S. 24: Marek; S. 25: Ricochet64, Oliver Hauptstock, CrazyCloud, Destina, ilyanatty; S. 26: sittinan; S. 27: Silvio; S. 28: ii-graphics, Nailia Schwarz, Lubo Ivanko, Rudie; S. 29: metamorworks, VanderWolf Images; S. 30: apfelweile; S. 31: Eisenhans, bluedesign, Syda Productions, Unclesam, christemo, Nailia Schwarz; S. 32: Cybrain; S. 34: elenabsl, Wilm Ihlenfeld, Eisenhans, Odua Images; S. 35+36: stas111, Artalis-Kartographie, Robert Biedermann, art illustration, Oksana; S. 37: fotohansel, nsit0108, Veronika, foforeds, Matsabe, butenkow, CharlieNati; S. 38: Matsabe, butenkow; S. 39: CharlieNati, fotohansel; S. 40: Veronika; S. 41: Tanja Bagusat; S. 42: KarachoBerlin; S. 44: Archivist; S. 45: ii-graphics, Tsvetina, Digital Bazaar, sudowoodo; S. 46: Анастасия Гайкова, ii-graphics, Tsvetina, Digital Bazaar, sudowoodo; S. 49: tarikdiz; S. 50: Senger's, Trueffelpix, IVASHstudio; S. 52: makistock, Racle Fotodesign, Tierney, fizkes; S. 53: tampatra; S. 54: gustavofrazao; S. 55: Tanja Bagusat, negoworks, elenvd , Robert Biedermann, ohaiyoo; S. 56: negoworks, elenvd , Robert Biedermann, ohaiyoo; S. 58: nice_vector; S. 59: chakisatelier; S. 60: zorandim75, pressmaster, Marina Andrejchenko, HERRNDORFF_ images, Rido

Bildquellen © wikicommon.org (gemeinfrei) - alle anderen Bilder

Kontakt: Kohl-Verlag, An der Brennerei 37-45, 50170 Kerpen
Tel: +49 2275 331610, Mail: info@kohlverlag.de

Inhalt

Vorwort und Einführung

> Wahre Globalität ist erst erreicht, wenn jeder Mitarbeiter befördert wird, ohne dass Herkunft, Nationalität, kultureller Hintergrund, Rasse oder Religion eine Rolle spielen.[1]

Am Thema Globalisierung scheiden sich die „Geister". In der breiten Öffentlichkeit wird kaum ein Thema so intensiv und emotional diskutiert, wie das Zusammenrücken der Weltwirtschaft. Gerade in Zeiten von „Corona" und Klimawandel wird politisch und auch öffentlich heftig über die Auswirkungen der Globalisierung gesprochen, diskutiert und gestritten. Die Globalisierung bestimmt heute das Leben aller. Sie spielt eine wichtige Rolle in Wirtschaft, Politik, Umwelt, Kommunikation, Energie, Ressourcen, Finanzen, Tourismus usw. Sie beinhaltet viele Chancen, birgt aber auch Risiken.

Globalisierung wird deutlich durch internationale Organisationen wie EU oder Nato, wird aber auch im privaten Bereich erkennbar, z.B. an der Herkunft von Lebensmitteln (Birnen aus Südafrika, Bananen aus Brasilien, Kaffee aus Kenia etc). Sie wird nicht aufhören, nur weil Covid 19 die Verwundbarkeit der weltweiten Lieferketten aufgezeigt hat. Sicherlich wird es an einigen Stellen ein Umdenken geben, sodass sich ein Land wie Deutschland nicht völlig abhängig von internationalen Lieferketten macht. Alle Experten, die sich dazu äußern, sagen: Globalisierung hört nicht auf, weil Covid 19 die Welt verändert hat. Es wird weitergehen, vielleicht etwas modifiziert und mit mehr Umsicht/Nachhaltigkeit. Etwaige Gedanken und Planungen zum autarken Nationalstaat bedeuten eine rückwärtsgewandte Politik von gestern – das wird nie mehr zurückkehren.

Unabhängig davon sind in den Curricula der Bundesländer u.a. folgende Themen/Inhaltsfelder aufgeführt:

- internationale Politik in der globalisierten Welt
- Gewinner und Verlierer der Globalisierung
- globale politische Strukturen und Prozesse
- internationale Wirtschaftsbeziehungen
- weltweite Verflechtungen in ihrer Bedeutung für regionale Prozesse

Das Thema „Globalisierung" ist vielfältig und kann sehr interessant gestaltet werden. Die Verflechtungen der Weltwirtschaft sollten so anschaulich wie möglich gestaltet werden, z.B. indem der Weg verschiedener Produkte mithilfe einer Weltkarte aufgezeigt wird. Dieses Buch vermittelt grundlegendes Wissen über die Globalisierung, z.B. „Was ist Globalisierung", „Ursachen und Dimensionen der Globalisierung", „Vor- und Nachteile sowie Folgen der Globalisierung" usw.

Die Vielfalt der Aufgabenstellungen an den jeweiligen Stationen sorgt für eine hohe Motivation, vertieft das erworbene Wissen und berücksichtigt die individuellen Lernvoraussetzungen der Schüler. Viel Freude beim Einsatz der Infoblätter und der Stationen sowie die Bearbeitung/ Lösung der Aufgaben wünschen Ihnen das Kohl-Redaktionsteam und

Rudi Lütgeharm

---

[1] Hermann Simon (*1947), deutscher Unternehmensberater und Unternehmer, emeritierter Wirtschaftsprofessor, Autor, Referent sowie seit 1988 Kolumnist im „manager magazin".

Didaktisch-methodische Hinweise – Lehrpläne

Das Thema Globalisierung entwickelt und fördert grundsätzlich das politische Denken, ganz besonders aber das über den eigenen Horizont hinausgehende Denken der Schüler.

Die allgemeinbildenden Schulen können aber ihren Teil dazu beitragen, dass den Schülern ein Grundlagenwissen über Globalisierungsprozesse vermittelt wird und sie in die Lage versetzen, Chancen und Risiken der Globalisierung besser einzuschätzen bzw. zu beurteilen. Wichtig hierbei ist, dass die Schüler eine klare Strukturierung des Themas „Globalisierung" erkennen und verinnerlichen.

Im Rahmen der ökonomischen Bildung/des Ökonomieunterrichts wird in den Lehrplänen auch das Thema Globalisierung genannt.

Die Ziele bestehen darin, dass sich junge Menschen aufgeklärt und bewusst innerhalb der Arbeitswelt, der Familien und des wirtschaftlichen Systems (regional, national und international) verhalten und orientieren können sowie sich über die Konsequenzen ihres persönlichen Handelns bewusst werden. Hier werden zwei Beispiele aufgeführt, in denen der Themenbereich „Globalisierung" aufgeführt ist.

Globalisierung ist ein Unterrichtsthema, das in den Curricula/Lehrplänen der Schulen steht. Es fällt auf, dass je nach Bundesland der Themenbereich „Globalisierung" unterschiedlichen Fächern zugeordnet wird.

Curriculare Einordnung in den Bundesländern

Baden-Württemberg

Fach/Fachverbund	Jahrgang	Thematik/ Inhaltsfeld	Aspekte/ Themen/Inhalte
Gemeinschaftskunde	10	Weltwirtschaft und internationale Politik	**Globalisierung der Weltwirtschaft** • Internationale Arbeitsteilung • Wettbewerb internationaler Volkswirtschaften • Politische Gestaltung der globalisierten Wirtschaft • Europäische Wirtshafts- und Währungsunion

Stationenlernen Globalisierung
Wie unsere Welt zusammenwächst – Bestell-Nr. 12 396

Didaktisch-methodische Hinweise – Lehrpläne

Sachsen

Fach/Fachverbund	Jahrgang	Thematik/ Inhaltsfeld	Aspekte/ Themen/Inhalte
Gemeinschaftskunde Rechtserziehung/ Wirtschaft	11/12	Internationale Politik in der **globalisierten Welt** Wirtschaft und Wirtschaftsordnung in der **globalisierten Welt**	• Die weltpolitische Situation des 21. Jahrhunderts • Sicherheits- und Außenpolitik der EU • Globale politische Strukturen und Prozesse • Konfliktregelungsmuster des 21. Jahrhunderts • Wirtschaftspolitische Handlungsoptionen Deutschlands • Der Wirtschaftsstandort Deutschland vor dem Hintergrund von Globalisierungsprozessen • Die Rolle Deutschlands im Rahmen der Europäischen Wirtschafts- und Währungsunion im Spannungsfeld von nationalen und supranationalen[1] Interessen

Die hier exemplarisch ausgewählten Auszüge aus den Curricula der beiden Bundesländer machen deutlich, dass das Thema Globalisierung schwerpunktmäßig im Unterricht bearbeitet werden sollte.

Aufgrund der unterschiedlichen fachlichen Qualifikationen der Lehrkräfte, der Verteilung der Inhalte auf verschiedenen Fächer, der meistens zu gering zur Verfügung stehenden Unterrichtsstunden, des lückenhaften (unterschiedlichen) Vorwissens der Schüler ist es klar, dass nur grundlegende Kenntnisse vermittelt werden können.

Erfahrungsgemäß verfügen die meisten Schüler nur über ein mageres oder lückenhaftes Wissen in Bezug auf internationale Wirtschaftsbeziehungen/Organisationen. Es erscheint ratsam, zu Beginn wichtige Begriffe, die sich mit der Globalisierung beschäftigen, zu klären, um dabei auch das Vorwissen der Schüler besser einschätzen zu können.

Die in diesem Buch genannten Kapitel berücksichtigen diese Punkte und präsentieren vielfältige Stationen mit verständlichen Aufgaben sowie anschaulichen Abbildungen, die in der Regel ohne jede Vorarbeit jederzeit im Unterricht einsetzbar sind.

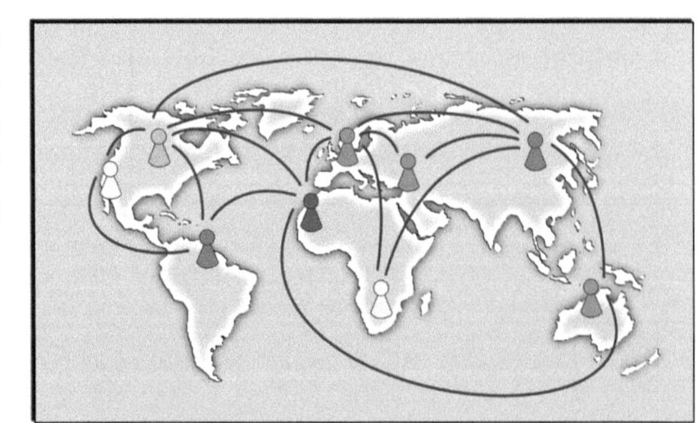

[1] überstaatlich, übernational

Hinweise zum Einsatz des Buches

Die Inhalte der Infoblätter und der Aufgaben an den einzelnen Stationen berücksichtigen übergreifend die in den Curricula der Bundesländer genannten Inhalte zum Thema „Globalisierung“. Die Vielfalt, aber auch die Unterschiedlichkeit der Aufgaben an den Stationen und die damit verbundenen unterschiedlichen Lösungswege machen ein erfolgreiches Lernen und Üben möglich.
Zahlreiche Angebote zur Binnendifferenzierung ermöglichen es, auch Schüler mit geringen Vorkenntnissen und heterogene Lerngruppen zur Mitarbeit zu motivieren. Die hier vorgestellten Stationen und Aufgaben sind auch für fachfremd unterrichtende Lehrkräfte geeignet.

Hinweise und Tipps zum Stationenlernen

- Die Aufgabenstellungen sind überschaubar (innerhalb von 20-30 min zu bearbeiten) und ihre Lösbarkeit für den Schüler erkennbar.
- Lernfortschritte ergeben sich durch die Abfolge der Stationen. Jede Aufgabe stellt nur einen Mosaikstein (einen Ausschnitt) des Gesamten dar.
- Kleinschrittiges Lernen ist für das Stationenlernen charakteristisch.
- Die Reihenfolge der Stationen ist in der Regel nicht verbindlich festgelegt, manchmal aber sinnvoll, um eine Struktur der gesamten Thematik sichtbar werden zu lassen.
- Zu jeder Station liegen die Aufgaben schriftlich vor, evtl. benötigte Hilfsmittel werden genannt.
- Auswertung/Kontrolle der Aufgaben an der Station folgt unmittelbar nach der Bearbeitung.
- Normalerweise bearbeitet jeder Schüler die Aufgaben an seinem Pult. Es ist aber auch möglich, in Kleingruppen (3-4 Schüler) zu arbeiten (Platzangebot berücksichtigen).
- Der Lehrer beaufsichtigt das Stationenlernen und unterstützt gegebenenfalls durch Hilfen.
- Die bearbeiteten Stationen werden vom Schüler (evtl. Lehrer) auf dem Laufzettel eingetragen.
- Das Blatt mit den bearbeiteten Aufgaben heftet jeder Schüler in seiner Mappe ab, dadurch ergibt sich ein Gesamtbild über die behandelten Themen/Kapitel.

Die einzelnen Kapitel mit Schwerpunkten wie

- **„Was versteht man unter Globalisierung“**
- **„Entstehung und Organisationen“**
- **„Geschichte und Ursachen“**
- **„Vor- und Nachteile“**

werden anschaulich und schülergerecht angesprochen und informativ erläutert.

Stationenlernen Globalisierung
Wie unsere Welt zusammenwächst – Bestell-Nr. 12 396

Hinweise zum Einsatz des Buches

Die einzelnen Abschnitte innerhalb eines Kapitels beginnen immer mit einem Infoblatt, um die Schüler auf das jeweilige Thema einzustimmen und sie in die Lage zu versetzen, die anschließenden Fragen unter Einsatz des Internets, von Zeitungsberichten, ihres Schulbuches und natürlich mithilfe dieses Buchs zu beantworten.

Jede Station weist leicht verständliche Aufgaben auf und bietet Differenzierungsmöglichkeiten. Abbildungen, Grafiken und andere Schaubilder wirken sich motivierend auf die Schüler aus und bieten Unterstützung. Die sich unmittelbar anschließenden Lösungen auf der Rückseite der jeweiligen Station unterstützen das selbstständige Lernen und Üben – ermöglichen dem Schüler ein sofortiges „Feedback".

- In der Regel sind die Stationen ohne große Vorarbeit im Unterricht einsetzbar.
- Die Stationen weisen keine fortlaufende Nummerierung auf, um einen flexiblen Einsatz zu ermöglichen und auch dem unterschiedlichen Vorwissen der Schüler gerecht zu werden.
- Grundsätzlich ist es ratsam, Kapitel für Kapitel zu erarbeiten und gleich im Anschluss die Aufgaben der jeweiligen Station zu bearbeiten.
- Die Stationen können in Einzel-, Partner- oder Kleingruppenarbeit bearbeitet werden.

Die Aufgabenstellungen bieten Möglichkeiten der Differenzierung

⊙ = Grundlegendes Niveau

Die Aufgaben sollten grundsätzlich von allen Schülern bearbeitet werden.

! = mittleres Niveau

Die Aufgaben bieten zusätzliche Möglichkeiten und höhere Anforderungen.

✶ = erweitertes Niveau

Die Aufgaben sind für „Experten" und beinhalten vertiefende und weiterführende Inhalte.

Die Zuordnung zu einer Schwierigkeitsstufe beruht auf eigenen Erfahrungen, sind nur Vorschläge, die der „Lehrer vor Ort" unter Berücksichtigung seiner Gruppe/Klasse auch anders vornehmen kann.

Lösungen

Die Lösungen der Aufgaben folgen grundsätzlich immer auf der Rückseite, sodass eine Korrektur schnell erfolgen kann. Die Korrektur kann vom Schüler selbst, vom Partner, einem anderen Mitschüler oder natürlich auch vom Lehrer vorgenommen werden.

Übersicht

1 Was versteht man unter Globalisierung?

	Stationsname	Niveau	Seite
1 + 2	Aussagen und Begriffe (1)	! + ⊙	13-14
1	Aussagen und Begriffe (2)	✶	15-16
1 + 2	Aussagen und Begriffe (3)	⊙ + !	17-18

2 Entstehung und Organisationen

	Stationsname	Niveau	Seite
1 + 2	Entstehung der Globalisierung	⊙ + !	23-24
1 + 2	Organisationen und ihre Aufgaben	✶+ !	25-26

3 Geschichte und Ursachen

	Stationsname	Niveau	Seite
1 + 2 + 3 + 4	Maßnahmen und Ursachen	⊙+⊙+!+✶	31-32
1 + 2	Auswirkungen und Beschleuniger (1)	! + !	33-34
1 + 2	Auswirkungen und Beschleuniger (2)	! + ✶	35-36

4 Dimensionen & Auswirkungen

	Stationsname	Niveau	Seite
1 + 2 + 3 + 4	Wirtschaft – Handel – Transport	⊙+!+!+!	41-42
1 + 2	Kommunikation – Kultur – Umwelt	! + ✶	43-44
1 + 2 + 3	Umwelt – Politik	⊙ +✶+ !	45-46

5 Vorteile & Nachteile

	Stationsname	Niveau	Seite
1 + 2	Chancen – Risiken (1)	! + ✶	51-52
1 + 2 + 3	Chancen – Risiken (2)	! +✶+✶	53-54
1 + 2 + 3	Produktion – Niedriglohnländer	⊙+!+!	55-56
1	Wirtschaft – Handel im Alltag	!	57-58

Name: ______________________________ Datum: _____________

Stationen-Laufzettel

⊙ Grundlegendes Niveau

Aufgabe	Stationsname	erledigt	korrigiert

! Mittleres Niveau

Aufgabe	Stationsname	erledigt	korrigiert

✶ Erweitertes Niveau

Aufgabe	Stationsname	erledigt	korrigiert

Infoblatt

Was versteht man unter Globalisierung?

Aussagen und Begriffe (1)

Was versteht man unter Globalisierung?

Globalisierung ist ein Begriff, der in aller Munde ist. Die einen bekämpfen sie massiv, die anderen befürworten sie und meinen, es sei notwendig, sie weiter voranzubringen.

Bundeskanzlerin Merkel ist eine erklärte Globalisierungsbefürworterin. Sie sieht in der Globalisierung große Chancen: „Chancen für Wachstum, für Beschäftigung, Wohlstand, für die Freiheit, und zwar für alle Länder", so ein Zitat aus dem Jahr 2007 das Angela Merkel mit den Worten beendete, dass die Globalisierung eindeutig mehr Chancen als Risiken bietet.

Was versteht man überhaupt unter Globalisierung – was ist Globalisierung?

Die Erläuterung des Begriffes „Globalisierung" wird meistens unterschiedlich ausfallen. Ein Politiker wird Globalisierung anders erklären als ein Wirtschaftsjournalist oder ein Manager eines weltweit tätigen Unternehmens. „Otto Normalverbraucher" wird Globalisierung mit seinen Worten wiederum ganz anders darstellen.

Es gibt eine große Anzahl von Erklärungen/Definitionen: mal recht einfach – mal umfassend und kompliziert!

Grundsätzlich haben aber alle Deutungen und Erklärungen eins gemeinsam, und zwar …

- **„Globalisierung" bezeichnet die anwachsende Verflechtung verschiedenster Bereiche über den gesamten Erdball hinweg.**
- **Unter Globalisierung versteht man ganz allgemein das Zusammenwachsen verschiedener Länder und Regionen.**

Einfach ausgedrückt bedeutet „Globalisierung", dass alle Länder dieser Erde immer mehr miteinander zu tun haben werden.

Tipp: **Man muss sich den Ursprung des Wortes bewusst machen: global = die ganze Erde umspannend – weltweit.**

Im Begriff „Globalisierung" steckt das Wort Globus, also die Weltkugel – man könnte den Begriff „Globalisierung" auch mit „weltumfassend" erklären.

Mit „Globalisierung" wird die zunehmende internationale Verflechtung zwischen Staaten, Gesellschaften, Unternehmen, Organisationen und Institutionen in den Bereichen Politik, Wirtschaft, Technik, Umwelt, Konsum und Kommunikation bezeichnet. Globalisierung bedeutet im Grunde nichts anderes, als dass die Welt jenseits von nationalen Grenzen immer mehr miteinander verknüpft/verflochten ist. Dieser Prozess umfasst einzelne Menschen genauso wie ganze Gesellschaften, Staaten und Institutionen.

Stationenlernen Globalisierung
Wie unsere Welt zusammenwächst – Bestell-Nr. 12 396

Aussagen und Begriffe (2)

Alltägliche Beispiele für Globalisierung

- Obst und Gemüse kann man in Deutschland das ganze Jahr kaufen und essen, selbst dann, wenn es in Deutschland gar nicht oder nur im Sommer angebaut wird.
- Über die weltweite Vernetzung im Internet kann man sich darüber informieren, wie Menschen in anderen Ländern leben und arbeiten. Außerdem kann man sich über das Internet mit Menschen aus anderen Ländern unterhalten – sich austauschen.
- In der eigenen Klasse sind Kinder aus verschiedenen Ländern.

Häufig wird der Begriff Globalisierung nur auf den wirtschaftlichen Bereich angewendet. Das ist nicht verwunderlich, ist doch der internationale Warenhandel seit Ende des 2. Weltkrieges nahezu viermal so stark gestiegen wie die Produktion von Gütern. In wirtschaftlicher Hinsicht gibt es bzw. entstehen immer mehr globale Märkte für Sachgüter und Dienstleistungen. Der wirtschaftliche Bereich ist aber nur ein Teil dessen, was Globalisierung ausmacht.

Globalisierung beschreibt die Auswirkungen der Vernetzung in vielen Bereichen weltweit – rund um den Globus. Die Globalisierung wird intensiviert durch die Zusammenarbeit der Staaten in Bündnissen, den Ausbau des Welthandels durch günstige und schnelle Transportwege und (manchmal) den Wegfall von Schutzzöllen.

Günstige Voraussetzungen für Globalisierung bietet die moderne Kommunikationstechnologie, z.B. durch die Verbreitung des Internets, Telefonie via Satellit und die gestiegene Anzahl der Telefon- und Fernsehanschlüsse. Auch unser Alltag wird durch die neuen Kommunikationsformen beeinflusst, Informationen aus aller Welt stehen jederzeit und unmittelbar zur Verfügung.

Verflechtungen gibt es u.a. in den Bereichen Wirtschaft, Politik, Umwelt, Kommunikation, Energie und Kultur. Bemerken kann man dies an Internationalen Organisationen wie der EU oder der NATO.

Auch in der Sprache macht sich Globalisierung bemerkbar. Begriffe wie chatten, twittern, updaten, online etc. werden im alltäglichen Sprachgebrauch häufig und immer wieder angewendet.

Im Zusammenhang mit der Globalisierung tauchen manchmal auch Bezeichnungen wie die aus dem Französischen abgeleitete „Mondialisierung“ oder auch die sogenannte „Entnationalisierung“ auf. Dieser Begriff bezieht sich auf die Bedeutung der einzelnen Nationalstaaten und deren Verlust von Macht.

Ob Finanzkrise, Coronavirus oder Computervirus, immer sind es Prozesse, deren Ursprung man häufig lokalisieren kann, deren Verbreitung in der Welt aber kaum aufzuhalten ist. Dies ist ein Merkmal der Globalisierung.

Diese Prozesse überwinden nationalstaatliche Grenzen und führen zur Ausweitung/Intensivierung wissenschaftlich-technischer, ökonomischer, politischer und soziokultureller Beziehungen zwischen den Ländern bzw. Kontinenten. Globalisierung vollzieht sich in hohem Tempo. Man denke hierbei nur an die Entwicklungen und Möglichkeiten, die durch das Internet ausgelöst wurden. Globalisierung ist kein Endzustand, sondern beschreibt einen Prozess, in dem Umfang und Intensität grenzüberschreitender Verkehrs-, Kommunikations- und Handelsbeziehungen immer mehr zunehmen.

Aussagen und Begriffe (1)

Aufgabe 1: *Verbinde die Teile zu sinnvollen Sätzen, die Buchstaben ergeben geordnet ein Lösungswort. Schreibe die vollständigen Sätze in dein Heft.*

!

1	Die Erläuterung des Begriffes „Globalisierung“
2	Unter Globalisierung versteht man ganz allgemein
3	Globalisierung bedeutet im Grunde nichts anderes,
4	Der wirtschaftliche Bereich ist aber nur ein Teil dessen,
5	Die Globalisierung wird intensiviert durch die Zusammenarbeit
6	Günstige Voraussetzungen für Globalisierung
7	Verflechtungen gibt es u.a. in den Bereichen
8	Globalisierung vollzieht
9	Globalisierung ist kein Endzustand,

S	bietet die moderne Kommunikationstechnologie.
T	Wirtschaft, Politik, Umwelt, Kommunikation, Energie und Kultur.
I	in Bündnissen, den Ausbau des Welthandels durch günstige und schnelle Transportwege.
K	sondern beschreibt einen andauernden Prozess.
R	was Globalisierung ausmacht.
O	das Zusammenwachsen verschiedener Länder und Regionen.
T	wird meistens unterschiedlich ausfallen.
U	als dass die Welt immer mehr miteinander verflochten ist.
I	sich in hohem Tempo.

Lösungswort:	1	2	3	4	5	6	7	8	9

Aufgabe 2: *Erläutere die Herkunft und die Bedeutung der folgenden Begriffe, die bei der Verwendung von Computern, Internet und Smartphones ständig gebraucht werden.*

Begriff	Herkunft	Bedeutung	Anwendung
chatten			
twittern			
updaten			
online			

Stationenlernen Globalisierung
Wie unsere Welt zusammenwächst – Bestell-Nr. 12 396
KOHL VERLAG

Aussagen und Begriffe (1)

Lösungen

Aufgabe 1: Lösungswort: **TOURISTIK**

1	Die Erläuterung des Begriffes „Globalisierung" wird meistens unterschiedlich ausfallen.
2	Unter Globalisierung versteht man ganz allgemein das Zusammenwachsen verschiedener Länder und Regionen.
3	Globalisierung bedeutet im Grunde nichts anderes, als dass die Welt immer mehr miteinander verflochten ist.
4	Der wirtschaftliche Bereich ist aber nur ein Teil dessen, was Globalisierung ausmacht.
5	Die Globalisierung wird intensiviert durch die Zusammenarbeit in Bündnissen, den Ausbau des Welthandels durch günstige und schnelle Transportwege.
6	Günstige Voraussetzungen für Globalisierung bietet die moderne Kommunikationstechnologie.
7	Verflechtungen gibt es u.a. in den Bereichen Wirtschaft, Politik, Umwelt, Kommunikation, Energie und Kultur.
8	Globalisierung vollzieht sich in hohem Tempo.
9	Globalisierung ist kein Endzustand, sondern beschreibt einen andauernden Prozess.

Aufgabe 2:

Begriff	Herkunft	Bedeutung	Anwendung
chatten	Englisch	to chat = sich unterhalten, plaudern	sich über das Internet schreibend in Echtzeit austauschen
twittern	Englisch	to twitter = zwitschern, schnattern	Kurznachrichten über Twitter veröffentlichen u. kommentieren
updaten	Englisch	to update = aktualisieren, auf den neuesten Stand bringen	Websites oder „Apps" (= Programme) aktualisieren
online	Englisch	on line = auf Leitung, angeschlossen	an das Internet angeschlossene Computer, via Internet arbeitende Personen etc.

Aussagen und Begriffe (2)

Aufgabe 1: ✶ *Erkläre die durch die Symbole veranschaulichten Phänomene der Globalisierung. Beachte dabei evtl. deutsche Interessen bzw. Unternehmen.*

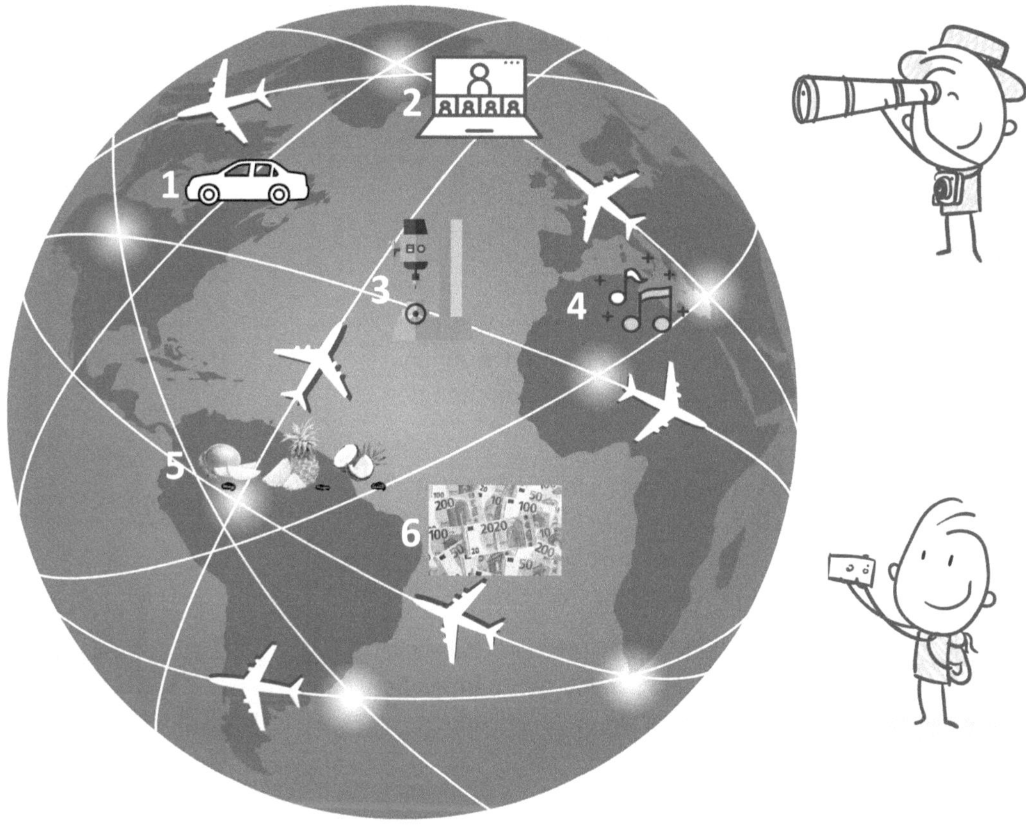

1. ____

____

2. ____

____

3. ____

____

4. ____

____

5. ____

____

6. ____

____

KOHL VERLAG Stationenlernen Globalisierung
Wie unsere Welt zusammenwächst – Bestell-Nr. 12 396

Aussagen und Begriffe (2)

Lösungen

Aufgabe 1:

1. Autos werden in vielen Ländern gebaut und exportiert. VW, BMW und Mercedes produzieren in Deutschland, aber auch in China, USA, Brasilien etc.
2. Das schnelle Internet bietet die Voraussetzungen für die Globalisierung weltweit.
3. Deutschland exportiert hochwertige Maschinen in viele Länder.
4. Kulturelle Veranstaltungen wie Konzerte und Theatervorstellungen schaffen Verbindungen zwischen den Ländern.
5. Exotische Früchte gibt es jederzeit auch in Ländern, in denen sie nicht wachsen, z.B. führt Deutschland Bananen aus Costa Rica ein.
6. Banken und Unternehmen sind weltweit tätig und investieren in Betrieben/Volkswirtschaften anderer Länder.

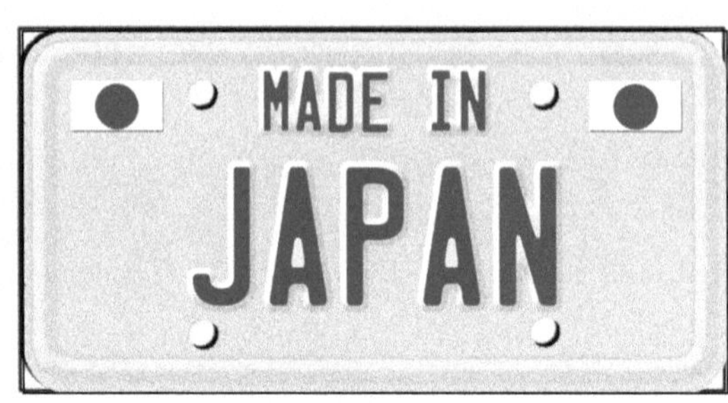

Aussagen und Begriffe (3)

Aufgabe 1: *Prüfe die folgenden Aussagen. Kreuze an, richtig oder falsch?*

		Richtig	Falsch
a)	Unter Globalisierung versteht man ganz allgemein das Zusammenwachsen der verschiedenen Länder und Regionen.		
b)	Globalisierung wird von allen Menschen begrüßt und unterstützt.		
c)	Mit Globalisierung ist immer nur der wirtschaftliche Bereich gemeint.		
d)	Globalisierung ist kein Endzustand, sondern beschreibt einen Prozess, der sich immer weiter entwickelt.		
e)	Besonders günstige Voraussetzungen für die Globalisierung bietet die moderne Kommunikationstechnologie.		
f)	Der Begriff Entnationalisierung bedeutet für die Nationalstaaten den Verlust von Macht und Einfluss.		
g)	Der internationale Warenhandel ist seit dem Ende des 2. Weltkrieges in etwa so groß wie die Produktion von Gütern.		
h)	Günstige und schnelle Transportwege und der Wegfall von Schutzzöllen intensivieren die Globalität.		
i)	Die Erläuterung des Begriffs Globalisierung wird von allen Personengruppen in der Regel gleich ausfallen.		

Aufgabe 2: *Korrigiere nun die falschen Aussagen in ganzen Sätzen.*

!

KOHL VERLAG Stationenlernen Globalisierung
Wie unsere Welt zusammenwächst – Bestell-Nr. 12 396

Aussagen und Begriffe (3)

Lösungen

Aufgabe 1: Richtig sind: a, d, e, f, h

Aufgabe 2:

b) Manche Menschen befürworten die Globalisierung, andere bekämpfen sie massiv.

c) Globalisierung gibt es in vielen Bereichen, z.B. Politik, Wirtschaft, Umwelt, Kommunikation, Kultur, Energie usw.

g) Der internationale Warenhandel ist seit Ende des 2. Weltkrieges nahezu viermal so stark gestiegen wie die Produktion von Gütern.

i) Nein, ein Politiker wird den Begriff anders erklären als ein Wirtschaftsjournalist oder ein Manager bzw. „Otto Normalverbraucher".

Infoblatt

Entstehung der Globalisierung

Seit wann kann man von einer Globalisierung sprechen – wann ist sie entstanden?

Viele Wissenschaftler sind sich darüber uneinig. Die Uneinigkeit wird deutlich, wenn man sich die unterschiedlichen Meinungen dazu ansieht.

Manche Experten sagen, dass Globalisierung so alt ist wie die Menschheit selbst.

Beginnt Globalisierung schon mit der europäischen Welteroberung am Ende des 15. Jahrhunderts, als Kolumbus 1492 vermeintlich und Vasco da Gama 1498 tatsächlich den Seeweg nach Indien gefunden haben? Die Folge war der Vertrag von Tordesillas[1] aus dem Jahre 1494, der erste Vertrag der Weltgeschichte mit globaler Reichweite.

Glaubhaft und nachvollziehbar ist der Ansatz, dass die Globalisierung nicht als plötzliches Ereignis, sondern als ständig währender Prozess zu verstehen ist, der etwa Mitte des 19. Jahrhunderts seinen Anfang nahm.

Der Terminus „Globalisierung" tauchte erstmals 1961 in einem englischsprachigen Lexikon auf. Seit den 1980er Jahren wurde er zum zentralen Begriff der wissenschaftlichen und politischen Diskussion, welche die Gesamtheit und Interdependenz[2] einer Vielzahl von einschneidenden Veränderungen in den Ländern der Erde reflektiert (Dr. Peter Kuhrt).

Der Duden beispielsweise führt das Substantiv „Globalisierung" erst seit der im Jahr 2000 erschienenen 22. Auflage.

Häufig wird die Meinung vertreten, dass die Globalisierung erst nach dem zweiten Weltkrieg begonnen bzw. so richtig Fahrt aufgenommen hat. Währungsunion, Wirtschaftspakte und Militärbündnisse begründen diese Entwicklung.

Seither verläuft die Globalisierung je nach politischer, kultureller oder wirtschaftlicher Situation in Wellen/Abschnitten bis hin zur vollständigen und nun auch digitalen Vernetzung. Die oben aufgeführten Aussagen machen deutlich, dass Globalisierung nicht nur eine Besonderheit der jetzigen Zeit ist, sondern schon viel früher in anderen Bereichen bzw. mit anderen Inhalten/Zielen aufgetreten ist.

Aktuell bleibt festzustellen, dass nach dem Zusammenbruch der Sowjetunion und mit der Zunahme der US-amerikanischen Dominanz sowie des chinesischen Vormachtstrebens die Bedeutung von transnationalen Unternehmen und Bündnissen und damit auch der Globalisierung zugenommen hat.

Die Beispiele in der folgenden Übersicht machen deutlich, in welchen Zeiträumen und mit welch unterschiedlichen Bereichen/Zielen sich Globalisierung vollzogen hat.

[1] Als 1494 der Vertrag von Tordesillas zwischen Portugal und Spanien zustande kommt, ist die Welt im Umbruch. Mit dem Vertrag von Tordesillas teilten Spanien und Portugal die Welt unter sich auf – mit weitreichenden Folgen. So wurde z.B. das Gebiet des heutigen Brasiliens portugiesisch.

[2] gegenseitige Abhängigkeit

Stationenlernen Globalisierung
Wie unsere Welt zusammenwächst – Bestell-Nr. 12 396

Organisationen und ihre Aufgaben (1)

Globale (internationale) Organisationen

Internationale Organisationen sind selbst ein Teil der Globalisierung. Viele Staaten haben erkannt, dass manche Probleme nicht auf nationaler Ebene zu lösen sind und sich daher in unterschiedlichen Formen zusammengeschlossen, um diese Probleme anzugehen.

Es gibt eine große Anzahl globaler Organisationen, die weltweit tätig sind und die von ihr profitieren oder sie vorantreiben. Internationale Organisationen wurden von Staaten geschaffen, um politische und wirtschaftliche Vorgänge abzustimmen und zu steuern. Diese Strukturen bilden die Grundlage für eine funktionierende internationale Politik. Verlässlichkeit ist in politischen wie in wirtschaftlichen Beziehungen von größter Bedeutung.

Zum besseren Verständnis wird hier eine Auswahl dieser global tätigen Organisationen genannt und erklärt.

UNO Die „Vereinten Nationen" („United Nations") oder auch „Organisation der Vereinten Nationen" („United Nations Organisation") wurden 1945 von 51 Staaten gegründet und bestehen heute aus 193 Staaten. Sie sind als globale internationale Organisation ein uneingeschränkt anerkanntes Völkerrechtssubjekt.

EWG „Europäische Wirtschaftsgemeinschaft" hieß ein Zusammenschluss europäischer Staaten mit dem Ziel einer gemeinsamen Wirtschaftspolitik. (seit 25.03.1957 – 6 Staaten – Vorgänger der EU)

Internet Das „Internet" wurde gegen Ende des 20. Jahrhunderts zum ersten Mal genutzt und ging in seiner heutigen Form aus dem 1969 entstandenen ARPANET[1] hervor.

Bologna-Abkommen Im Jahr 1998 entstanden auch im Bereich der Bildung gemeinsame Änderungen unter Mitarbeit verschiedener Länder. So fiel der Startschuss für die europaweit gültigen Bachelor- und Master-Hochschulabschlüsse im Jahr 1998, als mehrere Länder das „Bologna-Abkommen"[2] unterzeichneten.

WTO Die „Welthandelsorganisation" ("World Trade Organisation") wurde 1995 in Genf gegründet. Sie ist eine Organisation der Vereinten Nationen mit Sitz in Genf. Sie beschäftigt sich mit den Regeln des weltumspannenden Handels. Zu den Hauptaufgaben zählen die Überwachung der anerkannten Handelsregeln, Schiedssprüche bei Handelskonflikten, die Unterstützung von Entwicklungsländern bei der Umsetzung der WTO-Regeln und die Zusammenarbeit mit anderen internationalen Organisationen.

[1] Das ARPANET war ein Computer-Netzwerk und wurde ursprünglich im Auftrag der US Air Force ab 1968 von einer kleinen Forschergruppe unter der Leitung des Massachusetts Institute of Technology und des US-Verteidigungsministeriums entwickelt. Es ist der Vorläufer des heutigen Internets. (Wikipedia)

[2] Als Bologna-Prozess wird eine auf europaweite Vereinheitlichung von Studiengängen und -abschlüssen sowie auf internationale Mobilität der Studierenden zielende transnationale Hochschulreform bezeichnet, die auf die Schaffung eines einheitlichen Europäischen Hochschulraums gerichtet ist.

Infoblatt

Organisationen und ihre Aufgaben (2)

IWF Der IWF („Internationale Währungsfond“) ist eine Organisation, die zur Schaffung von geordneten Währungsbeziehungen gegründet wurde (27.12.1945). Der IWF hat u.a. die Aufgabe, die Stabilität des internationalen Finanzsystems zu stärken, die internationale Zusammenarbeit in der Währungspolitik zu fördern und das Wachstum des Welthandels zu erleichtern.

Weltbank Aufgabe der „Weltbank“ ist die Förderung der wirtschaftlichen Entwicklung der Mitgliedsländer und des Lebensstandards der Bevölkerung durch Erleichterung der Kapitalanlagen für produktive Zwecke, durch Förderung privater Direktinvestitionen und des Außenhandels sowie durch Förderung von Maßnahmen zur Armutsbekämpfung.

Die Weltbank ist eine Sonderorganisation der UNO und wurde am 27.12.1945 auf der Grundlage des Abkommens von Bretton Woods zusammen mit dem Internationalen Währungsfonds errichtet.

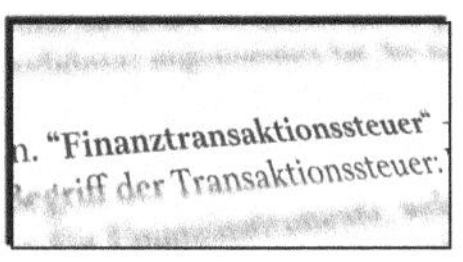

Attac Die einzelnen Buchstaben „ATTAC“ setzen sich aus der französischen Bezeichnung „association pour la taxation des transactions financières pour l'action citoyenne“ zusammen. Übersetzt heißt das: **„Vereinigung zur Besteuerung von Finanztransaktionen im Interesse der BürgerInnen“**.

Die Attac wurde 1998 als internationale Initiative in Frankreich gegründet und dient der demokratischen Kontrolle der Finanzmärkte.

Doha-Runde („Doha Development Round“ oder “Doha Development Agenda“) Es handelt sich hierbei um eine Welthandelsrunde der WTO, die sich um die Optimierung der Lage in den Entwicklungsländern kümmert – besserer Marktzugang für Entwicklungsländer etc.

Freihandelszone („Free Trade Area“) Es handelt sich hier um einen Zusammenschluss mehrerer Staaten. Innerhalb der Freihandelszone werden keine Zölle erhoben. Beispiel für eine Freihandelszone ist die „European Free Trade Association“ (EFTA)[1]

---

[1] Die Europäische Freihandelsassoziation EFTA umfasst derzeit die vier Staaten Island, Liechtenstein, Norwegen und die Schweiz.

Infoblatt

Organisationen und ihre Aufgaben (3)

G8 Die „G8" umfasst die weltweit größten Industrienationen: USA, Japan, Deutschland, Kanada, vereinigtes Königreich, Russland (bis 2014), Italien und Frankreich. Die veranstalteten Treffen dienen dazu, um Fragen der Weltwirtschaft zu erörtern, Informationen auszutauschen und globale Probleme anzusprechen.

OPEC („Organisation erdölexportierender Länder" = „Organization of Petroleum Exporting Countries") Die OPEC wurde im Jahr 1960 gegründet. Sie ist eine internationale Organisation und hat seit 1965 ihren Sitz in Wien. Die Mitgliedstaaten fördern ungefähr 40 Prozent der globalen Produktion von Erdöl.

OECD („Organisation für wirtschaftliche Zusammenarbeit und Entwicklung") Sie besteht seit dem Jahr 1961. Aktuell ist die OECD ein Zusammenschluss von 34 bedeutenden Industrieländern. Ziele sind die Förderung einer Politik, die in den Mitgliedstaaten eine optimale wirtschaftliche Entwicklung und einen steigenden Lebensstandard zulässt.

WHO Die „Weltgesundheitsorganisation" wurde 1948 gegründet und hat aktuell 194 Mitgliedstaaten. Sie ist für das internationale öffentliche Gesundheitswesen zuständig und hat die Mission der Verwirklichung eines bestmöglichen Niveaus der Gesundheit aller Menschen.

NATO ("North Atlantic Treaty Organization") Die NATO ist ein militärisches Bündnis von 28 Ländern Europas und Nordamerikas. Das Hauptquartier mit dem Nordatlantikrat als Hauptorgan besteht seit 1967 in Brüssel.

EZB („Europäische Zentralbank") Das Eurosystem besteht aus der EZB („European Central Bank") und den jeweiligen nationalen Zentralbanken der Länder. Die Europäische Zentralbank (EZB) verwaltet den Euro und ist für die Gestaltung und Durchführung der Wirtschafts- und Währungspolitik zuständig; ihr Sitz ist in Frankfurt am Main.

Tipp: Mit dem globalen Bewusstsein ist auch die Anzahl der Organisationen angestiegen, die sich mit Globalisierung politisch, wirtschaftlich oder gesellschaftlich beschäftigen. Man nennt diese Organisationen **NGOs**[1] („Non-Governmental Organisations"). Viele dieser Nichtregierungsorganisationen befassen sich mit Themen, für die nationale Grenzen keine Rolle spielen.
Beispiele: **Ärzte ohne Grenzen - WWF - Terre des hommes - Brot für die Welt**

[1] Eine „Non-Governmental Organization" oder auch „Nichtstaatliche Organisation" ist ein zivilgesellschaftlich zustande gekommener Interessenverband, der nicht durch ein öffentliches Mandat legitimiert ist.

Entstehung der Globalisierung

Aufgabe 1: *Prüfe die folgenden Aussagen. Kreuze an, richtig oder falsch?*

		Richtig	Falsch
a)	Der Terminus Globalisierung tauchte erstmals 1975 in einem englischsprachigen Lexikon auf.		
b)	Der Vertrag von Tordesillas war der erste Vertrag der Weltgeschichte mit globaler Reichweite.		
c)	Globalisierung nahm etwa Mitte des 19. Jahrhunderts seinen Anfang.		
d)	Globalisierung ist eine Besonderheit der jetzigen Zeit.		
e)	Der Duden führt das Substantiv „Globalisierung“ schon seit 1980.		
f)	Globalisierung verläuft je nach politischer, kultureller und wirtschaftlicher Situation in Wellen/Abschnitten.		
g)	Globalisierung ist als plötzliches Ereignis zu verstehen.		
h)	Nach dem Zusammenbruch der Sowjetunion und der Zunahme der US-amerikanischen Dominanz hat die Globalisierung zugenommen.		
i)	Nach dem 1. Weltkrieg hat die Globalisierung richtig Fahrt aufgenommen.		

Aufgabe 2: *Korrigiere nun die falschen Aussagen in ganzen Sätzen.*

!

KOHL VERLAG Stationenlernen Globalisierung Wie unsere Welt zusammenwächst – Bestell-Nr. 12 396

Entstehung der Globalisierung

Lösungen

Aufgabe 1: Richtig sind: b, c, f, h

Aufgabe 2:

a) Der Terminus Globalisierung tauchte erstmals 1961 in einem englischsprachigen Lexikon auf.

d) Globalisierung ist schon viel früher in anderen Bereichen bzw. mit anderen Inhalten/ Zielen aufgetreten.

e) Der Duden beispielsweise führt das Substantiv „Globalisierung" erst seit dem Jahr 2000.

g) Globalisierung ist nicht als plötzliches Ereignis, sondern als ständig währender Prozess zu verstehen, der etwa Mitte des 19. Jahrhunderts seinen Anfang nahm.

i) Häufig wird die Meinung vertreten, dass die Globalisierung erst nach dem zweiten Weltkrieg begonnen bzw. so richtig Fahrt aufgenommen hat.

Brücke 1898-1900 in Tschechien bei der Stadt Liberec erbaut.

Organisationen und ihre Aufgaben

Aufgabe 1: *Nenne die Aufgaben der folgenden global tätigen Organisationen in Kürze.*

✶

a) Weltbank = ____

____

b) Attac = ____

____

c) EZB = ____

____

d) WTO = ____

____

Aufgabe 2: *Verbinde die Beschreibungen mit den passenden Bildern. Die Buchstaben ergeben geordnet ein Lösungswort, wenn du bei jedem im ABC um 4 weiterzählst.*

!

1	EWG („Europäische Wirtschaftsgemeinschaft") hieß ein Zusammenschluss europäischer Staaten mit dem Ziel einer gemeinsamen Wirtschaftspolitik. (seit 25.03.1957 – 6 Staaten – Vorgänger der EU)
2	Die G8 umfasst die weltweit größten Industrienationen: USA, Japan, Deutschland, Kanada, vereinigtes Königreich, Russland (bis 2014), Italien und Frankreich.
3	Die WHO („Weltgesundheitsorganisation") wurde 1948 gegründet und hat aktuell 194 Mitgliedstaaten. Sie ist für das internationale öffentliche Gesundheitswesen zuständig.
4	Die NATO ist ein militärisches Bündnis von 28 Ländern Europas und Nordamerikas. Das Hauptquartier mit dem Nordatlantikrat als Hauptorgan besteht seit 1967 in Brüssel.
5	Das Internet wurde gegen Ende des 20. Jahrhunderts zum ersten Mal genutzt und ging in seiner heutigen Form aus dem 1969 entstandenen ARPANET hervor.

Buchstabe	Bild
C	
G	
H	ARPANET
Q	G8
A	

Lösungswort:	1	2	3	4	5

Organisationen und ihre Aufgaben

Lösungen

Aufgabe 1:

a) Weltbank = Aufgabe der Weltbank ist die Förderung der wirtschaftlichen Entwicklung der Mitgliedsländer.

b) Attac = Die Attac dient der demokratischen Kontrolle der Finanzmärkte.

c) EZB = Die Europäische Zentralbank (EZB) verwaltet den Euro und ist für die Gestaltung und Durchführung der Wirtschafts- und Währungspolitik zuständig.

d) WTO = Zu den Hauptaufgaben zählen die Überwachung der anerkannten Handelsregeln, Schiedssprüche bei Handelskonflikten und die Unterstützung von Entwicklungsländern.

Aufgabe 2: Lösungswort: **KUGEL**

Infoblatt

Geschichte

Globalisierung ist im Wesentlichen die Folge von erheblichen Veränderungen der politischen, technisch-wirtschaftlichen und gesellschaftlichen Rahmenbedingungen.

Globalisierung zeigt sich alltagsnah im zunehmenden Tourismus, in der Zunahme von Informationen und Kenntnissen über fremde Länder durch das Fernsehen, in der Verbreitung globaler Werbestrategien und auch darin, dass immer mehr Menschen Kenntnisse in einer fremden Sprache erwerben oder zumindest „Begriffe" aus einer fremden Sprache in ihrem Alltag anwenden. In der Bildung/auf dem Arbeitsmarkt stellt man sich mit spezifischen Ausbildungsgängen auf die Globalisierung ein, immer mehr deutsche Studenten studieren im Ausland oder Studenten aus dem Ausland studieren an deutschen Universitäten.

Historisch werden mehrere Wellen der Globalisierung unterschieden.

Einer ersten Welle der Migration, des Kapitalexports und der Handelsausweitung von 1870 bis 1914 folgte ein Rückfall in Nationalismus und Protektionismus. Ein zweiter Globalisierungsschub nach 1945 bescherte den Industrieländern außerordentliche Wachstumsraten. Um 1980 setzte eine dritte Welle der Globalisierung ein, die durch liberalisierte Finanzmärkte und eine "neue internationale Arbeitsteilung" charakterisiert wird: Erstmals erringen die sich globalisierenden Entwicklungsländer bedeutende Anteile am Welthandel mit Industriegütern.[1]

Auslöser und Beschleuniger der Globalisierung waren und sind u.a.:

- die Veränderung der politischen Rahmenbedingungen in Mittel- und Osteuropa, d.h. der Zusammenbruch des Ostblocks, die chinesische Zuwendung zur Marktwirtschaft usw.;
- das Entstehen neuer Wachstumszentren in Südostasien, z.B. Südkorea, Singapur, Indien usw.
- der technologische Fortschritt in Form des Internets (die steigende Leistungsfähigkeit der Informations- und Kommunikationstechnologie);
- das marktwirtschaftliche Streben nach Gewinnmaximierung;
- der damit einhergehende gesellschaftliche Wandel.

[1] Klaus Müller: Globalisierung, Frankfurt/M. (Campus) 2002, S. 175 f.

Stationenlernen Globalisierung
Wie unsere Welt zusammenwächst – Bestell-Nr. 12 396

Infoblatt

Ursachen (1)

Globalisierung hat viele Ursachen

Die folgenden Beispiele erheben keinen Anspruch auf Vollständigkeit, veranschaulichen aber häufig genannte Ursachen der Globalisierung.

✓ **Verfügbarkeit von Waren und Produkten aus fernen Ländern**

Eine der Ursachen ist der Wunsch nach Produkten/Waren aus fernen Ländern, z.B. der Wunsch nach Bananen oder Ananas. Bananen wachsen bekanntlich nicht in Deutschland, sondern in Ländern mit anderen klimatischen Voraussetzungen.

Bananen und Ananas im Winter – zu jeder Jahreszeit?

Beispiel Bananen: Sie stammen aus den Tropen, wo es das ganze Jahr über gleichmäßig warm und feucht ist. Die wichtigsten Bananenlieferanten sind mittel- und südamerikanische Länder wie Ecuador, Chile, Panama, Nicaragua oder Costa Rica. Aufgrund der starken Nachfrage in Deutschland nach Bananen entstehen Handelswege zwischen Deutschland und Bananen-produzierenden Ländern wie zum Beispiel Costa Rica. Auf diesem Wege entsteht eine Verflechtung/Vernetzung zwischen Deutschland und einem Land in Mittelamerika.

Fair gehandelte Bananen (z.B. BanaFair[1]-Bananen) kommen u.a. aus **Costa Rica**, Ecuador und aus verschiedenen karibischen Inselstaaten.

✓ **Gestiegene Bevölkerungszahl**

Die weltweit angestiegene Bevölkerungszahl ist eine wichtige Ursache der Globalisierung. Je mehr Menschen auf der Erde leben, desto höher ist auch die Wahrscheinlichkeit, dass sich Menschen aus verschiedenen Regionen der Erde treffen, miteinander Kontakt aufnehmen und sich austauschen.

[1] Der faire Handel unterstützt die Arbeiterinnen und Arbeiter auf den Bananenplantagen und setzt sich gleichzeitig auch für die Bananen-Kleinbauernfamilien ein.

Ursachen (2)

✓ **Ausweitung und Verbesserung der Kommunikation**

Informationen und Daten können schnell rund um den Globus – in fast jedes Land/jede Stadt – transportiert und millionenfach multipliziert werden; **Entfernungen und Grenzen haben keine Bedeutung mehr**.

Mithilfe der neuen Technologien Internet, Computer, Satellitentechnik und Mobiltelefon können innerhalb von Sekunden Nachrichten, Informationen und Wissen überall auf der Welt abgerufen und genutzt werden. Diese Informationssysteme machen es möglich, Preise und Kosten zu vergleichen etc.

Es können Konferenzen und Meetings in virtuellen Chat-Rooms[1] abgehalten werden, um sich mit weit entfernten Menschen kostengünstig austauschen zu können.

✓ **Verbesserung und Ausweitung der Transport- und Reisemöglichkeiten**

Insgesamt hat sich der Transport von Waren deutlich vereinfacht und ist viel kostengünstiger geworden. Waren und Personen können zu deutlich geringeren Kosten und innerhalb kürzester Zeit weltweit transportiert werden. Früher reisten die Menschen viel weniger umher, weil die Reisezeiten im Vergleich zu heute lang und Reisen oftmals anstrengend waren. Man reiste auch nicht freiwillig, sondern aus geschäftlichen Gründen. Das freiwillige und private Reisen wurde erst durch die Globalisierung möglich, Gründe dafür sind die bessere Vernetzung von Verkehrswegen und schnellere Verkehrsmittel, die das Reisen weltweit erheblich verkürzt und vereinfacht haben.

Mit der fortschreitenden Globalisierung der Märkte hat der Gütertransport über See in den vergangenen Jahrzehnten enorm zugenommen. Waren es früher kleinere Schiffe, die Produkte transportiert haben, sind es heute wesentlich größere/speziellere Schiffe, die auf allen Ozeanen günstig Produkte transportieren. Standardisierte Transportverfahren (Container) führten zu einer Verringerung der Abfertigungszeiten in den Häfen und damit zu weniger Kosten. Spezialisierungen im Schiffbau haben stark dazu beigetragen, den Weltseeverkehr zu verändern. Es wurden/werden zunehmend spezielle Schiffe für verschiedene Ladungen gebaut:

- Tanker für Rohöl, Ölprodukte, Chemikalien, Flüssiggas oder auch Fruchtsaftkonzentrat;
- Massengutfrachter für Massenschüttgüter wie Erz, Kohle, Getreide;
- Massengutfrachter für Massenstückgüter wie Kraftfahrzeuge und Eisen;
- Kühlschiffe für Fruchttransporte aus Ländern der Südhalbkugel;
- Containerschiffe wie die „Emma Maersk" (das ehemals größte Containerschiff der Welt), laut Reederei trägt das Schiff 11.000 Standardcontainer.

Außerdem werden Produkte auf den Eisenbahnnetzen und in Flugzeugen für wenig Geld von Land zu Land transportiert. Der Transport von Billigprodukten aus Südostasien nach Europa „rechnet" sich.

[1] virtueller Ort für Chats, in dem sich Teilnehmer unterhalten können. [chat (eng.) = plaudern, sich unterhalten]

Infoblatt

Ursachen (3)

✓ **Geringere Arbeitskosten und globale Arbeitsteilung**

Entfernungen und Grenzen haben ihre Bedeutung verloren und führen zu einem Weltmarkt. In manchen Ländern ist die Arbeitskraft der Menschen wesentlich günstiger als bei uns in Deutschland, deshalb ist es auch für manche deutsche Unternehmen interessant und effektiv, die Arbeits- und Produktionsstätten in diese Länder („Billiglohnländer") zu verlagern. Manchmal wird die gesamte Produktion „ausgelagert" oder aber Teile davon, die dann wiederum zur Fertigstellung des Produkts nach Deutschland gebracht werden. Man denke hierbei an deutsche Automobilhersteller wie VW, BMW, Mercedes und deren Produktionsstätten im Ausland (China, Brasilien und in den USA). Häufig wird im günstigsten Land produziert. Für die Produktion ist auch entscheidend, ob die benötigten Ressourcen für die Produktion vor Ort vorhanden sind. Das können natürliche Ressourcen (Holz, Öl, Edelmetalle), aber auch humane Ressourcen sein; z.B. kann Arbeit in manchen (südlichen) Ländern wesentlich günstiger angeboten werden oder es kann in anderen (nördlichen) Ländern auf das Angebot von gut ausgebildeten Arbeitskräften zurückgegriffen werden.

Der Autobauer BMW will vom Absatzboom in China und Indien profitieren und künftig vermehrt im Ausland produzieren. Seien bisher etwa 70% der Wagen im Inland gebaut worden, sollen es künftig eher nur noch 60% sein, so kündigte BMW-Produktionsvorstand Frank-Peter Arndt in der "Süddeutschen Zeitung" an.

Leitlinie des Unternehmens: "Die Produktion folgt dem Markt."

Eurostat – Pressemitteilung - 62/2019 – 11. April 2019 Im Jahr 2018 lagen die durchschnittlichen Arbeitskosten pro Stunde in der gesamten Wirtschaft (ohne Landwirtschaft und öffentliche Verwaltung) in der EU bei 27,4 € und im Euroraum bei 30,6 €. Hinter diesen Durchschnittswerten verbergen sich jedoch deutliche Unterschiede zwischen den EU-Mitgliedstaaten (siehe rechts).	Dänemark	43,5	Bulgarien	5,4
	Luxemburg	40,6	Rumänien	6,9
	Belgien	39,7	Litauen	9,0
	Schweden	36,6	Ungarn	9,2
	Niederlanden	35,9	Lettland	9,3
	Frankreich	35,8		

✓ **Abbau von Zöllen und Handelshemmnissen – Liberalisierung des Welthandels**

Eine Ursache und starker Beschleuniger der Globalisierung war der Abbau von Zöllen durch die Regierungen. Parallel zu den Zöllen wurden Schritt für Schritt auch weitere Handelsbarrieren wie Ausfuhr- und Einfuhrbeschränkungen abgebaut. Durch die Deregulierung und Liberalisierung des länderüberschreitenden Waren-, Dienstleistungs-, Geld- und Kapitalverkehrs besonders in zahlreichen westlichen Staaten entstanden gemeinsame Märkte. Liberalisierung (von lat. liberalis = frei) zeichnet sich dadurch aus, dass eine Einschränkung von staatlichen Kontrollen und Einmischungen stattfindet.
Die o.g. Maßnahmen waren grundsätzlich sinnvoll, weil so der Welthandel nicht künstlich erschwert und behindert wird. Andererseits gibt es aber auch Nachteile, weil die ungleichen Standortbedingungen nicht mehr geschützt werden. Das Kapital konnte nun alle Völker und Staaten gegeneinander ausspielen: „wer arbeitet am billigsten", „wer verzichtet auf Sozial- und Umweltstandards", „wer erhebt die geringsten Unternehmersteuern", „wer bietet Subventionen an" usw.

Maßnahmen und Ursachen

Aufgabe 1: *Verbinde die Schlagwörter nach links oder rechts mit den passenden Bildern. Die Buchstaben ergeben geordnet ein Lösungswort.*

1	2	3	4	5	6

Nr.	Bild	Schlagwort	Bild	Nr.
1	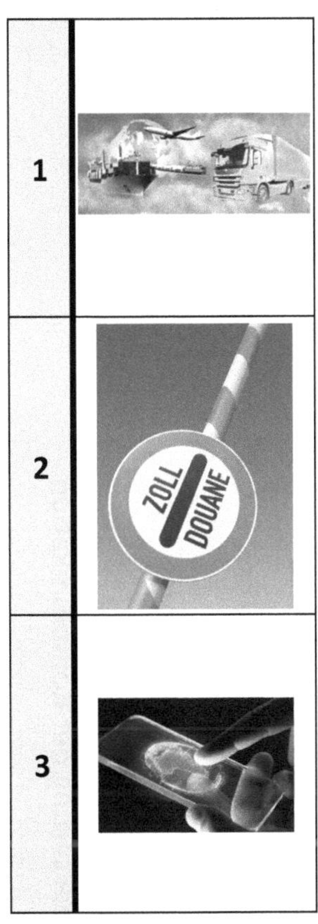	**L** Verfügbarkeit von Waren und Produkten aus fernen Ländern		4
		A Abbau von Zöllen und Handelshemmnissen – Liberalisierung des Welthandels		
2		**W** Optimierung und Steigerung des Güterverkehrs		5
		N steigende Leistungsfähigkeit der Informations- und Kommunikationstechnologie		
3		**E** technologischer Fortschritt in Form des Internets		6
		D Verbesserung und Ausweitung der Transport- und Reisemöglichkeiten		

Aufgabe 2: *Setze die folgenden Wörter an die richtigen Stellen im Text.*

eine Wochenendreise	deren Einzelteile	fernen Ländern	allen Teilen	Produkte	erfahren aktuell

Häufig kaufen wir ________________, die aus ________________________________ kommen oder ____________________________ in verschiedenen Ländern hergestellt wurden.

Wir fliegen für ____________________________________ nach Rom und ____________________ ________________, was in ___________________________ dieser Welt geschieht.

Aufgabe 3: *Welche Ursachen der Globalisierung werden im Infoblatt Ursachen genannt?*

Aufgabe 4: *Der gesuchte Gegenstand ist (fast) 20 Fuß lang, 8 Fuß breit und 8 Fuß plus 6 Zoll hoch.*

a) *Um welches Transportmittel handelt es sich und wer hat es erfunden?*

b) *Welche Maße hat dieser Gegenstand in Metern und Zentimetern?*

Stationenlernen Globalisierung
Wie unsere Welt zusammenwächst – Bestell-Nr. 12 396

Maßnahmen und Ursachen

Aufgabe 1: Lösungswort: **WANDEL**

Aufgabe 2: Häufig kaufen wir **Produkte**, die aus **fernen Ländern** kommen oder **deren Einzelteile** in verschiedenen Ländern hergestellt wurden. Wir fliegen für **eine Wochenendreise** nach Rom und **erfahren aktuell**, was in **allen Teilen** dieser Welt geschieht.

Aufgabe 3:

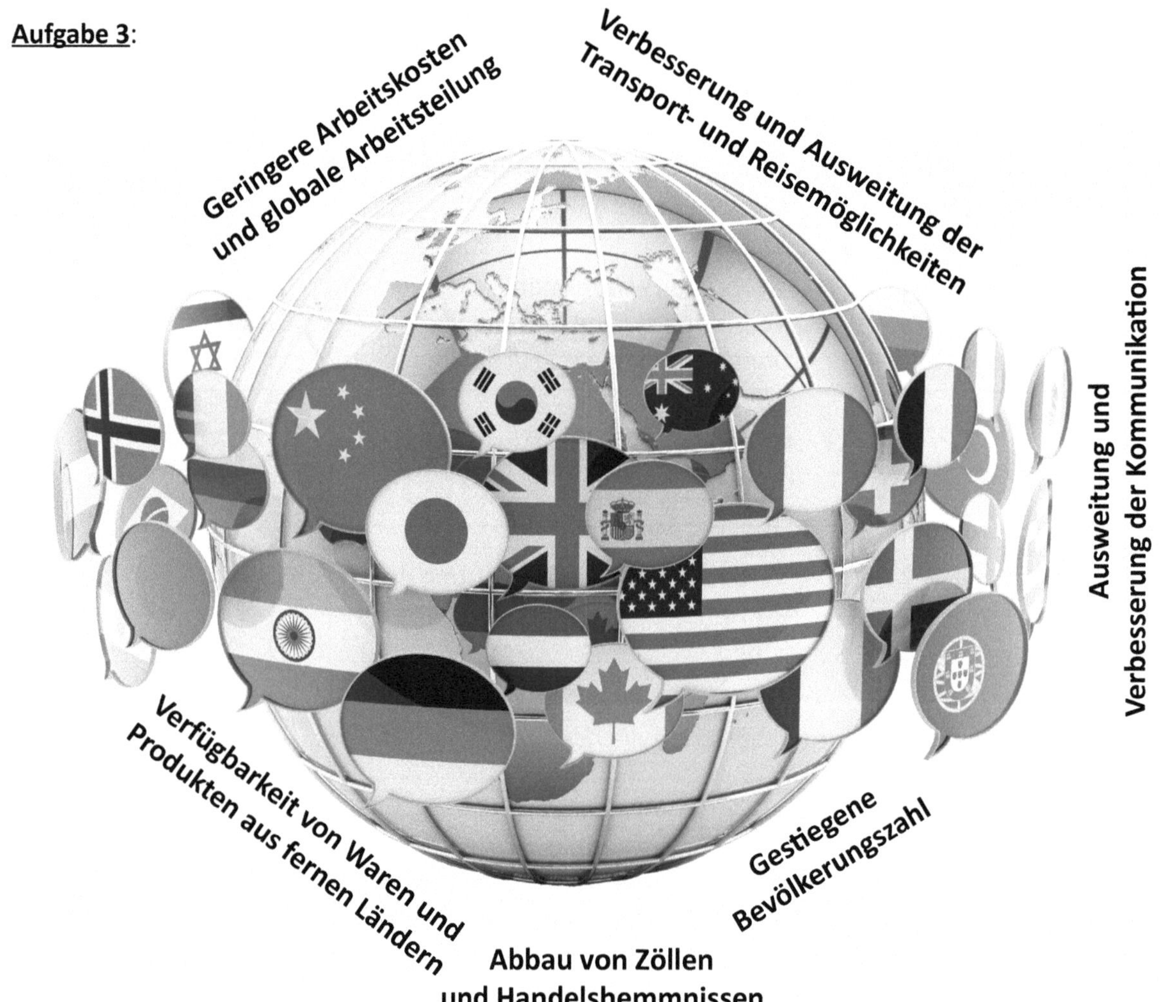

Aufgabe 4:

a) Es ist ein Container. Malcom Purcell McLean (* 14. Nov. 1913 in Maxton, North Carolina; † 25. Mai 2001 in New York City, New York) war ein US-amerik. Reeder und Transportunternehmer und gilt als der Erfinder des Containers.

b) Das 20-Fuß-Standardmodell (1 TEU = Twenty Foot Equivalent Unit) ist 2,44 m breit, 6,06 m lang und 2,60 m hoch. Die Länge ist etwas weniger als 20 Fuß, da 2 Stück (mit einem Zwischenraum) so lang wie 1 FEU (= Forty Foot Equivalent Unit) sein müssen.

Auswirkungen und Beschleuniger (1)

Aufgabe 1: *Welcher Buchstabe passt zu welcher Zahl? Trage die Buchstaben ein:*

!

1	2	3	4	5	6

R = Keine Weltregion konnte dabei ihren Anteil so stark erhöhen wie Asien.

6 = Die Anteile der einzelnen Regionen am weltweiten Warenexport haben sich in den letzten Jahrzehnten deutlich verschoben.

D = Rund jeder vierte Arbeitsplatz in Deutschland hängt vom Export ab.

3 = Kein Medium ist für die globale Vernetzung

Z = In 125 Staaten wurde gar kein Visum benötigt, in 34 wurde direkt nach Ankunft ein Visum erteilt.

1 = Anfang Mai 2017 konnten die Inhaber eines deutschen Reisepasses in mehr Staaten visumfrei einreisen als alle anderen Passinhaber:

N = so prägend wie das Internet. Auch im kulturellen Bereich hat das Internet einen großen Einfluss auf die Inhalte und die Form der Kommunikation.

4 = Die deutsche Wirtschaft ist in hohem Maße exportorientiert.

E = haben die Zunahme des Welthandels begünstigt.

2 = Die Zahl der Menschen, die mindestens 2 Sprachen sprechen, hat sich durch die Globalisierung deutlich erhöht.

Ü = Parallel zur Sprache für den Alltag wird immer häufiger Englisch als Weltsprache für Handel, Politik, Kultur und Fernverkehr genutzt.

5 = Sinkende Transport- und Kommunikationskosten

Aufgabe 2: *Erkläre mit kurzen und prägnanten Sätzen die Antriebskräfte und Beschleuniger des Globalisierungsprozesses.*

!

___

___

___

___

___

___

___

___

___

Auswirkungen und Beschleuniger (1)

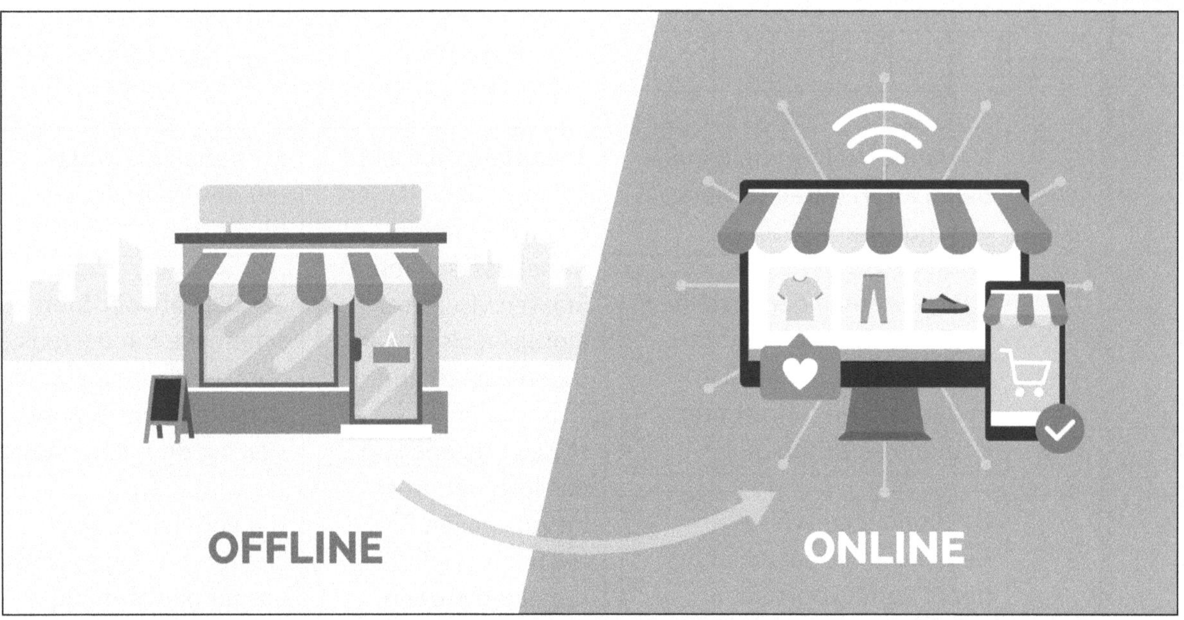

Aufgabe 1: Lösungswort: **ZÜNDER**

Aufgabe 2:

- Die Veränderung der politischen Rahmenbedingungen in Mittel- und Osteuropa, der Zusammenbruch des Ostblocks;
- das Entstehen neuer Wachstumszentren in Südostasien, z.B. China, Südkorea, Singapur, Indien usw.;
- Abbau der Zölle und anderer Handelshemmnisse;
- der technologische Fortschritt in Form des Internets;
- die steigende Leistungsfähigkeit der Informations- und Kommunikationstechnologie.

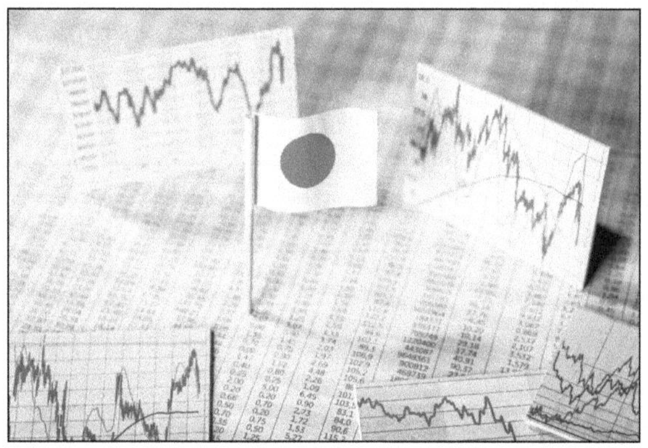

„Gorbatschow und Reagan vernichten nukleare Mittelstreckenraketen."

Auswirkungen und Beschleuniger (2)

Aufgabe 1: *Kreuze an und begründe in kurzen Sätzen deine Auswahl im Heft. Recherchiere dazu im Internet oder in Fachbüchern.*
!

a) Globale Kommunikation: Seit wann sind alle Staaten mit dem Internet verbunden?

☐ **nach dem 2. Weltkrieg** ☐ **seit 1950** ☐ **erst seit 2000**

b) Globaler Handel: Welches Land war in den Jahren 2003-2008 „Exportweltmeister"?

☐ **USA** ☐ **China** ☐ **Deutschland**

c) Globale Weltbevölkerung: Heute leben mehr als 7 Milliarden Menschen auf der Welt. Bis 2050 werden es voraussichtlich ... sein.

☐ **weniger als 2015** ☐ **8-9 Milliarden** ☐ **9-11 Milliarden**

d) Globale Umwelt: In Brasilien geht eine Waldfläche in der Größe von 2,5 Fußballfeldern ... verloren.

☐ **pro Jahr** ☐ **pro Stunde** ☐ **pro Minute**

Aufgabe 2: *Füge jeweils den Buchstaben in den Umriss des richtigen Landes ein. Berechne dann grob die Entfernung von Polen bis zu den Philippinen.*
★

Weltreise einer Jeans:

a) *Der Rohstoff Baumwolle wird in Indien in riesigen Monokulturen angebaut.*
b) *Die Baumwolle wird in der Türkei zu Fäden versponnen.*
c) *Die Fäden werden in Tunesien mit Farben aus Deutschland blau gefärbt.*
d) *Die Fäden werden in Polen zu Jeansstoff verwoben.*
e) *Die Stoffe werden auf den Philippinen zu einer Jeans zusammengenäht.*
f) *Die Jeans wird in Griechenland mit Bimsstein behandelt.*
g) *Die fertige Jeans wird in Deutschland verkauft.*

Entfernung Polen - Philippinen = ca. ____________________

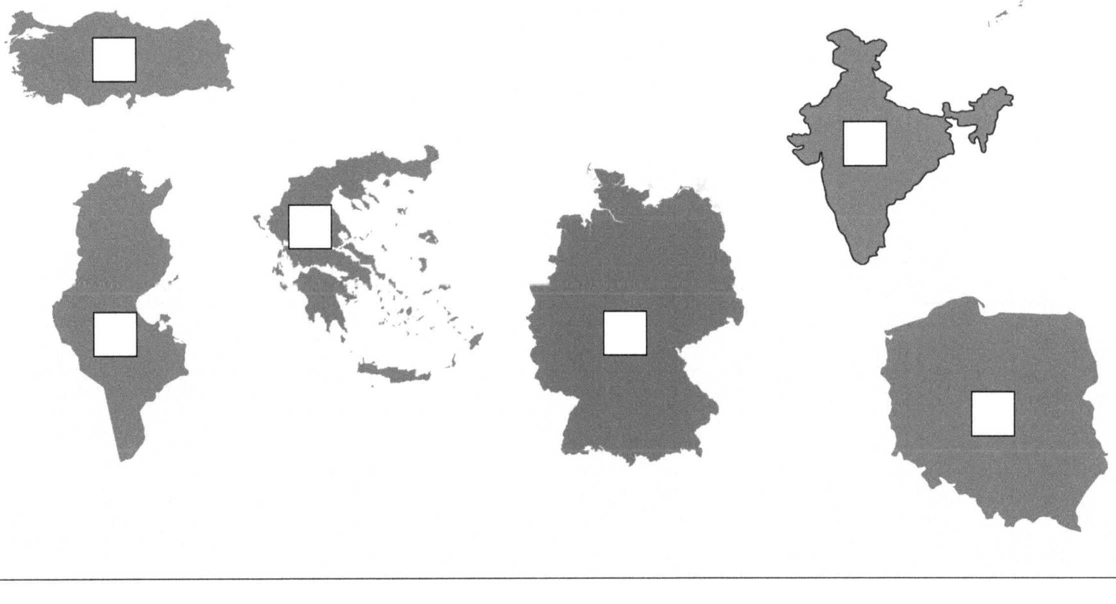

KOHL VERLAG Stationenlernen Globalisierung
Wie unsere Welt zusammenwächst – Bestell-Nr. 12 396

Auswirkungen und Beschleuniger (2)

Lösungen

Aufgabe 1: a) **Globale Kommunikation: erst seit 2000**

Begründung: Erst seit Beginn dieses Jahrtausends sind fast alle Staaten mit dem Internet verbunden. Die weltweite Vernetzung ist ziemlich neu: 1988 waren lediglich acht Staaten mit dem Internet verbunden. Im Jahr 1993 waren es 55 und 1995 zum ersten Mal mehr als die Hälfte aller Staaten.

b) **Globaler Handel: Deutschland**

Begründung: Von 2003 bis 2008 war Deutschland sechsmal in Folge "Exportweltmeister". Im Jahr 2009 wurde Deutschland von China abgelöst. In den Jahren 2010-2018 lagen auch die USA wieder vor Deutschland.

c) **Globale Weltbevölkerung: 8-9 Milliarden**

Begründung: In der langen Menschheitsgeschichte hat sich die Bevölkerungszahl immer nur langsam verändert. Vor 500 Jahren lebten lediglich 500 Millionen Menschen auf der Welt. Nach Berechnungen der UN wird die Bevölkerungszahl im Jahr 2050 zwischen 8,7 und 10,8 Milliarden liegen.

d) **Globale Umwelt: pro Minute**

Begründung: In den Ländern Brasilien, Indonesien, Myanmar, Nigeria und Tansania ist in den Jahren von 2010 bis 2015 am meisten Wald verloren gegangen. Allein in Brasilien lag der Waldverlust bei rund 1 Million ha pro Jahr – durchschnittlich 1,9 ha pro Minute. 1,9 ha entsprechen wiederum einer Fläche von rund 2,5 Fußballfeldern.

Aufgabe 2: Polen - Philippinen = ca. 12.000 km

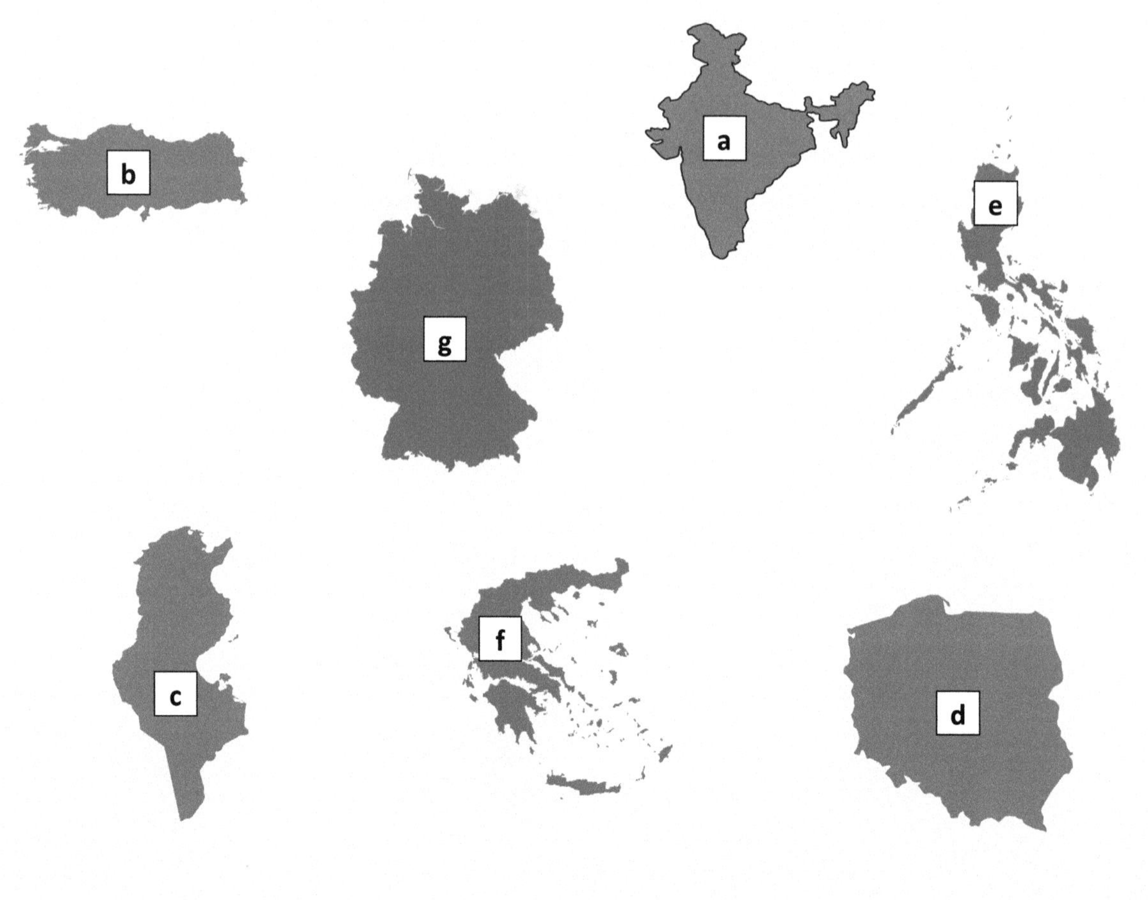

Übersicht - Politik

Der Begriff Globalisierung beinhaltet die zunehmende internationale Verflechtung der Bereiche Politik, Wirtschaft/Produktion, Kommunikation/Internet, Kultur/Bildung, Handel/Transport und Umwelt.

Im Folgenden werden die Dimensionen der Globalisierung einzeln beschrieben und erläutert. Man darf hierbei aber nicht vergessen, dass jeder Bereich wiederum Auswirkungen auf andere Bereiche hat, z.B.

- haben wirtschaftliche Verflechtungen immer auch Auswirkungen auf die Politik;
- wirken sich politische Absprachen zwischen Staaten wiederum auf die Wirtschaft aus;
- wirken sich kulturelle Veranstaltungen auf große Teile der Gesellschaft aus;
- sorgt die Zunahme der Touristik für mehr Arbeitsplätze im jeweiligen Land;
- wirkt sich die Zunahme des Transportwesens zu Wasser, in der Luft und auf dem Land auf die Umwelt aus usw.

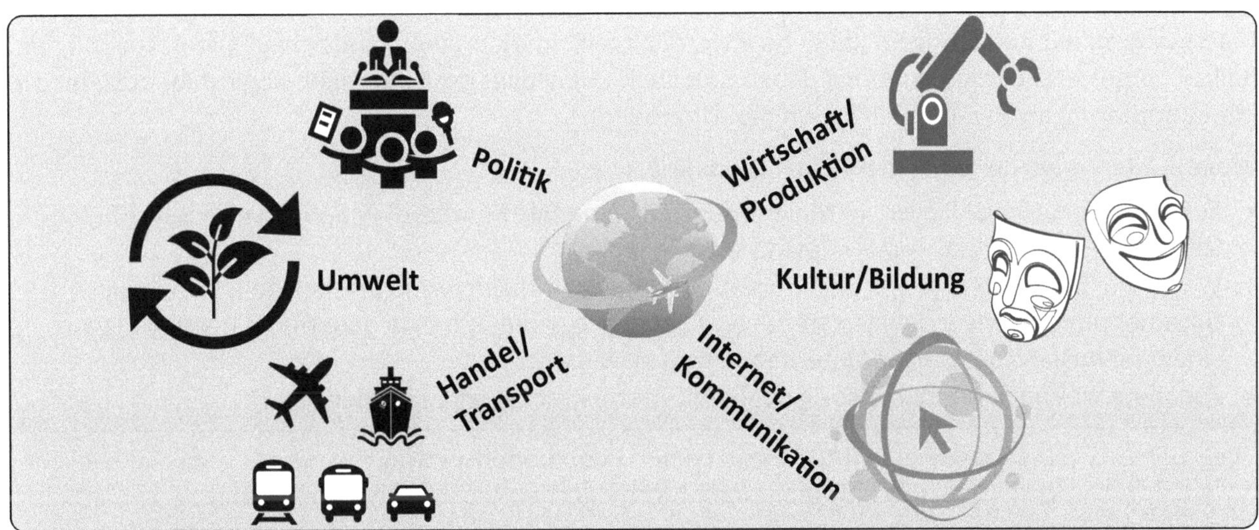

Politik Durch die Globalisierung verschieben sich die Kräfteverhältnisse zugunsten der Wirtschaft und haben dadurch natürlich auch immer Auswirkungen auf die politischen Entscheidungen der jeweiligen Regierung. Durch die expandierende Weltwirtschaft geraten die Nationalstaaten verstärkt in wirtschaftliche Konkurrenz zueinander, da ein Standortwettbewerb entsteht. Eine wichtige Aufgabe der Politik ist es dafür zu sorgen, dass im eigenen Land günstige Standortbedingungen geschaffen werden oder vorhanden sind, damit international agierende Unternehmen dort investieren und neue Arbeitsplätze schaffen bzw. schon bestehende erhalten bleiben.

Beispiel:	Die Tesla Gigafactory Berlin-Brandenburg ist eine geplante Großfabrik des Automobilherstellers Tesla im märkischen Grünheide.

Manchmal entstehen aber auch neue Probleme, die aufgrund der begrenzten nationalen Möglichkeiten nur über staatenübergreifende bzw. globale Kooperationen gelöst werden können.

Beispiel:	21.07.20 • CORONA-HILFSPAKET • Die EU-Staaten einigen sich auf das größte Haushalts- und Finanzpaket ihrer Geschichte. Die EU-Regierungschefs haben sich am frühen Morgen auf das beispiellose europäische **Finanzpaket von 1,8 Billionen Euro** für die nächsten Jahre verständigt.

Transnationale Bündnisse wie die NATO auf militärischer Ebene oder die Europäische Union auf wirtschaftlicher und politischer Ebene stärken die Mitgliedsländer, weil sie ihr gesamtes politisches, militärisches und wirtschaftliches Gewicht einsetzen können.

Stationenlernen Globalisierung
Wie unsere Welt zusammenwächst – Bestell-Nr. 12 396

Infoblatt

Wirtschaft - Kommunikation

Wirtschaft/Produktion Heute ist die Wirtschaft eines Landes nicht mehr auf sich allein gestellt, um die Güter, die im Land benötigt werden, selbst herzustellen. Dadurch kam (kommt) es zu Umstrukturierungen, Verzahnungen und Spezialisierungen in allen Wirtschaftsbereichen. Es werden Produkte für den nationalen und internationalen Handel hergestellt. Das führt weltweit zur Steigerung des Exports/Imports. Es sind große transnationale Konzerne mit Werken/Produktionsstätten in vielen Staaten entstanden. Diese Konzerne können aufgrund der effektiven Ausnutzung von Produktion/Transport ihre Produkte günstiger herstellen als kleinere Unternehmen.

Beispiel:	Volkswagen produziert Jahr für Jahr Millionen von Fahrzeugen in 14 Ländern in über 50 Fertigungsstätten. Dort laufen nicht nur rund 70 verschiedene Modelle vom Band, sondern auch die dazugehörigen Komponenten wie Motoren, Getriebe oder Lenksysteme.

Massenwaren mit nur geringem Know-how werden meist in Niedriglohnländern aus Ost-Asien und dem Balkan hergestellt. Europa, Amerika, Japan und auch China dagegen sind Technologiestandorte mit hohen Anforderungen an die Qualifikation der Mitarbeiter.

Weitere Merkmale der wirtschaftlichen Globalisierung:

- Zunahme der „Global Player" (= Multi- oder transnationale Konzerne) wie Walmart – Royal Dutch Shell – BP – Exxon Mobil – VW – Toyota – Apple etc.;
- Wachstum der ausländischen Direktinvestitionen; das sind die Vermögensanlagen, die von einem Unternehmen (oder von Staatsregierungen) getätigt werden, um eine dauerhafte Beteiligung an einem im Ausland ansässigen Unternehmen zu erwerben;
- Zunahme weltumfassender (also "globaler") Unternehmenskooperationen;

Beispiel:	Die Firma Apple (USA) besitzt einen Kooperationsvertrag mit dem Logistikdienstleister DHL (Deutschland), um einen bestmöglichen Versand in Deutschland zu gewährleisten.

- stärkere Macht der wirtschaftlichen/politischen Zentren; gleichzeitig Bedeutungsverlust der peripheren Gebiete; z.B. ist Moskau sicher das wirtschaftliche Zentrum von Russland.

Kommunikation und Internet Aufgrund der Entwicklung der neuen Medien wie Internet, Satellitentechnologie, Mobiltelefone, Fax und mehr Anschlüsse an Telefonnetze können die Menschen auf der ganzen Welt wie nie zuvor Kontakt aufnehmen und sich austauschen. Durch das Internet haben sich die grenzüberschreitenden Kommunikationsprozesse vereinfacht. Das Internet macht es möglich, innerhalb von Sekunden Nachrichten, Bilder und Videos von einem Ort der Welt zu einem anderen zu senden oder auch Geld von einem Konto auf ein anderes zu überweisen.

Mithilfe des **World Wide Web** („weltweites Netz", kurz Web, WWW, ein über das Internet abrufbares System von elektronischen Hypertext-Dokumenten, sog. Webseiten, welche mit HTML beschrieben werden) sind die Menschen auf der ganzen Welt besser und in Bruchteilen von Sekunden für Arbeitgeber, Kollegen, Familie und Freunde erreichbar. Auch der Ausbau der Technologien in den Ländern der Dritten Welt wächst stetig weiter. Immer mehr Unternehmen bieten ihre Produkte über das Internet an und sind fast immer zu jeder Zeit für jeden erreichbar. Das Internet bietet auch politischen oder umweltorientierten Gruppierungen/Organisationen die Möglichkeit, sich zu organisieren, Aktionen zu planen und natürlich ihre Ziele und Inhalte zu verbreiten.

Beispiel:	Im Jahr 2019 waren rund 95% aller Haushalte in Deutschland mit einem Internetanschluss ausgestattet. Die Zahl der Telefonanschlüsse hat sich weltweit seit 1960 verzehnfacht.

Kultur - Umwelt

Kultur und Bildung Die Globalisierung bringt immer auch eine gesteigerte Mobilität der Menschen mit sich und damit eine Zunahme des Kontakts der Kulturen unter- und miteinander. Menschen aus Entwicklungs- und Schwellenländern (Entwicklungsländer auf der Schwelle zum Industrieland) kommen zum Arbeiten oder als Wirtschaftsflüchtlinge in wirtschaftlich starke westeuropäische Länder. Natürlich bringen sie auch ihre Gewohnheiten, Kultur- und Wertvorstellungen aus ihren Heimatländern mit. Dadurch kann es zu Veränderungen der Kultur in der hiesigen Gesellschaft kommen. Auf der einen Seite wird die Vielfalt gefördert, manchmal werden aber auch Traditionen der lokalen Bevölkerung verdrängt.

Zu begrüßen sind Einflüsse der westlichen Welt (Gleichstellung der Frau, unabhängiges Rechtssystem statt hierarchischen Stammesstrukturen im arabischen Raum).

An deutschen Universitäten studieren ausländische Studenten aus vielen Ländern, deutsche Studenten studieren teilweise im Ausland. Englisch ist in der Bildung, Forschung und im Handel die Standardsprache und wird in den meisten Ländern als erste Fremdsprache gelehrt.

Beispiel:	2016 studierten 144.900 deutsche Studenten im Ausland. Dabei entfielen auf Österreich 19,5%, Holland 15,2%, GB 10,9%, Schweiz 10,1% und die USA 7,0%.

Durch die Globalisierung gibt es einen wesentlich größeren Zugang zu ausländischen Kulturangeboten wie Musik, Filmen, Kunst, Theater, Freizeitangeboten usw.

Beispiel:	Heute gibt es in jeder deutschen Großstadt Restaurants, die asiatische, südeuropäische, osteuropäische oder afrikanische Gerichte anbieten.

Umwelt Die gesteigerte industrielle Produktion, die Zunahme des weltweiten Handels und auch der Verbrauch natürlicher Ressourcen führt zu mehr Umweltbelastung, z.B. Luftverschmutzung durch Verkehr, globalem Anstieg der Temperaturen und des Meeresspiegels und der Überfischung der Meere etc.

Durch Industrialisierung und Bevölkerungswachstum steigt der Energieverbrauch, wobei es extreme Unterschiede zwischen Industrie- und Entwicklungsländern gibt. Die Verbrennung fossiler Brennstoffe ist eine der wichtigsten Ursachen für den Klimawandel. Fossile Brennstoffe sind Abbauprodukte von organischer, vorwiegend pflanzlicher Substanz, sie sind nicht regenerierbar.

Im Zuge der Globalisierung sind Chancen bzw. Gefahren groß, dass Unternehmen Teile ihrer Produktion in Länder mit geringeren Umweltschutzstandards verlegen, um Kosten einzusparen und günstiger produzieren zu können. Multinationale Konzerne entziehen sich häufig der Kontrolle nationalstaatlicher Politik. Die Folgen machen natürlich nicht an den Landesgrenzen halt, ein Land allein kann die meisten Umweltprobleme nicht lösen. Deshalb ist die Zusammenarbeit der Staaten weltweit erforderlich.

Beispiel:

- Seit über 40 Jahren setzt sich Greenpeace für den Schutz unserer Lebensgrundlagen ein.
- WWF Deutschland will die weltweite Zerstörung der Natur und Umwelt stoppen, die Biodiversität bewahren, Lebensräume schützen und eine Zukunft gestalten, in der Mensch und Natur in Einklang miteinander leben.
- Das Kyoto-Protokoll (benannt nach dem Ort der Konferenz Kyoto in Japan) ist ein am 11.12.1997 beschlossenes Zusatzprotokoll zur Ausgestaltung der Klimarahmen-Konvention (UNFCCC) der Vereinten Nationen mit dem Ziel des Klimaschutzes.

Infoblatt

Wirtschaft – Handel - Transport

Handel und Transport Der Austausch – der Handel von Gütern und Produkten aller Art ist eine der ältesten Erwerbsquellen der Menschen. Früher wurden Salz, Bernstein, Gewürze, Felle, Leder, Tuche, Keramik, Rohstoffe wie Holz usw. auf alten Routen transportiert und gehandelt.

Heute können nicht nur Waren/Produkte oder Menschen große Entfernungen einfacher überwinden, auch Geld/Kapital kann weltweit transferiert werden. Große Unternehmen haben ein starkes Interesse daran, die Globalisierung voranzutreiben und Handelshemmnisse (Zölle) zu beseitigen.

Beispiel:	Der weltweite Warenhandel stieg zwischen 1950 und 2010 um das 30-fache – ein deutliches Zeichen für die Globalisierung des Handels.

Deutschland ist eine Exportnation und braucht zum Absatz ihrer Produkte/Waren freie Märkte und freien Handel sowie günstige Transportmöglichkeiten.

Beispiel:	Im Jahr 2019 wurden Kraftwagen und Kraftwagenteile im Wert von rund 223,55 Milliarden Euro aus Deutschland exportiert.
Beispiel:	Seit langem ist Deutschland das drittgrößte Importland der Welt.

Die Globalisierung unterstützt das arbeitsteilige Wirtschaften und benötigt immer mehr Verkehrswege und Transportmöglichkeiten. Der sich ausweitende Güter- und Personenverkehr führt jedoch auch zu erheblichen Umweltbelastungen, die durch den Verbrauch von fossilen Energieträgern, durch Luft- und Lärmemissionen und auch durch Inanspruchnahme von Naturflächen entstehen.

Besonders der wirtschaftliche Aufschwung der Schwellenländer und einiger asiatischer Staaten sowie der Ausbau der Handelsbeziehungen zwischen China und Afrika werden den Verkehr zwischen diesen Regionen in den kommenden Jahrzehnten deutlich erhöhen.

Das Angebot von immer günstigeren und schnelleren Seetransporten macht die Globalisierung erst möglich. Zwischen Globalisierung und dem internationalen Seeverkehr besteht eine enge Wechselwirkung.

Beispiel:	Seetransportleistungen machen ungefähr 80% des gesamten Welthandels aus. Die Transportmenge der Luftfracht hat sich seit 1950 mehr als verhundertfacht.

Container: 1956 verschiffte der Amerikaner Malcom McLean als erster 58 Container mit dem Schiff „Ideal X" von Newark nach Houston; 1961 legte die Internationale Organisation für Normung (ISO) erstmals international gültige Maße für die ISO-Container fest.

Beispiel:	Die Europäische Union wickelt mehr als die Hälfte ihrer Exporte und 53% ihrer Einfuhren auf dem Seeweg ab. Die klassische Route führt dabei von Hamburg, Rotterdam oder Antwerpen durch die Straße von Gibraltar in das Mittelmeer. Von dort geht es durch den Suezkanal, das Rote Meer und den Indischen Ozean nach Singapur, Hongkong oder Shanghai. Für die 11.000 Seemeilen lange Reise braucht ein Containerschiff bei besten Bedingungen 28 Tage.

Wirtschaft – Handel – Transport

Aufgabe 1: *Verbinde die Teile zu Sätzen, die Buchstaben ergeben ein Lösungswort! Schreibe die vollständigen Sätze ins Heft.*

1	2	3	4	5	6	7	8

1	Durch die expandierende Weltwirtschaft geraten die Nationalstaaten	E	um die Güter, die im Land benötigt werden, selbst herzustellen.
2	Eine wichtige Aufgabe der Politik ist es,	N	oder die Europäische Union stärken die Mitgliedsländer.
3	Transnationale Bündnisse wie die NATO	R	werden meistens in Niedriglohnländern hergestellt.
4	Die „Tesla Gigafactory" Berlin-Brandenburg ist eine geplante	O	im eigenen Land für günstige Standortbedingungen zu sorgen.
5	Konzerne können aufgrund der effektiveren Ausnutzung von Produktion	N	Walmart – Royal Dutch Shell – BP – Exxon Mobil – VW – Toyota – Apple.
6	Massenwaren, die nur ein geringes Know-how erfordern,	E	und Transport ihre Produkte günstiger herstellen als kleinere Unternehmen.
7	Es gibt eine Zunahme der „Global Player" wie	K	verstärkt in wirtschaftliche Konkurrenz, da ein Standortwettbewerb entsteht.
8	Heute ist die Wirtschaft eines Landes nicht mehr auf sich allein gestellt,	Z	Großfabrik des Autoherstellers Tesla im märkischen Grünheide.

Aufgabe 2: *Trage rechts die Länder Europas ein, in denen man nicht mit EURO zahlt.*

1		5	
2		6	
3		7	
4		8	

Aufgabe 3: *Kreuze R = richtig oder F = falsch an.*

		R	F
a	Deutschland ist eine Exportnation und braucht zum Absatz seiner Produkte freie Märkte und freien Handel.		
b	Der weltweite Warenhandel stieg zwischen 1950 und 2010 um das 30-fache.		
c	Das Angebot von immer günstigeren Lufttransporten macht die Globalisierung erst möglich.		
d	Straßentransportleistungen machen ungefähr 80% des gesamten Welthandels aus.		
e	1956 verschiffte der Amerikaner Malcom McLean als erster 58 Container per Schiff.		
f	Die Transportmenge der Luftfracht hat sich seit 1950 mehr als verzehnfacht.		

Aufgabe 4: *Korrigiere die falschen Aussagen in deinem Heft.*

Stationenlernen Globalisierung
Wie unsere Welt zusammenwächst – Bestell-Nr. 12 396

Wirtschaft – Handel – Transport

Lösungen

Aufgabe 1: Lösungswort: **KONZERNE**

1	Durch die expandierende Weltwirtschaft geraten die Nationalstaaten verstärkt in wirtschaftliche Konkurrenz, da ein Standortwettbewerb entsteht.
2	Eine wichtige Aufgabe der Politik ist es, im eigenen Land für günstige Standortbedingungen zu sorgen.
3	Transnationale Bündnisse wie die NATO oder die Europäische Union stärken die Mitgliedsländer.
4	Die „Tesla Gigafactory" Berlin-Brandenburg ist eine geplante Großfabrik des Autoherstellers Tesla im märkischen Grünheide.
5	Konzerne können aufgrund der effektiveren Ausnutzung von Produktion und Transport ihre Produkte günstiger herstellen als kleinere Unternehmen.
6	Massenwaren, die nur ein geringes Know-how erfordern, werden meistens in Niedriglohnländern hergestellt.
7	Es gibt eine Zunahme der „Global Player" wie Walmart – Royal Dutch Shell – BP – Exxon Mobil – VW – Toyota – Apple.
8	Heute ist die Wirtschaft eines Landes nicht mehr auf sich allein gestellt, um die Güter, die im Land benötigt werden, selbst herzustellen.

Aufgabe 2:

1	Bulgarien	**5**	Rumänien
2	Dänemark	**6**	Schweden
3	Kroatien	**7**	Tschechien
4	Polen	**8**	Ungarn

Aufgabe 3: Richtig sind **a, b, e**.

Aufgabe 4:

c) Das Angebot von immer günstigeren Seetransporten macht die Globalisierung erst möglich.

d) Seetransportleistungen machen ungefähr 80% des gesamten Welthandels aus.

f) Die Transportmenge der Luftfracht hat sich seit 1950 mehr als verhundertfacht.

Baustelle der Tesla Gigafactory in Grünheide bei Berlin

Kommunikation – Kultur – Umwelt

Aufgabe 1: *Trage die Stichwörter aus dem Kasten in die Tabelle ein.*

!

Restaurants mit asiatischen Angeboten • weltweite Verständigung • Flut von Informationen • Kontakt der Kulturen • Gruppierungen verbreiten ihre Ziele. • Anstieg des Meeresspiegels • Verlust von Identität und Heimat • World Wide Web • geringe Umweltstandards • Satellitentechnologie • Gleichstellung der Frau • Verbrennung fossiler Brennstoffe • steigender Energieverbrauch • unabhängiges Rechtssystem • Anstieg der Temperaturen

Kommunikation - Internet	Kultur	Umwelt

Aufgabe 2: *Zeichne Linien von den Jahreszahlen zu den passenden Ereignissen. Informiere dich auch im Internet.*

✶

erstes elektronisches Fernsehgerät

1971

Erfinder der E-Mail

1990

2005

Start des Internets für kommerzielle Nutzung

1923

Geburtsstunde des Rundfunks in Deutschland

1931

Start der Video-Plattform „You-Tube“

1935

erste E-Mail in Deutschland

erstes regelmäßiges Fernsehprogramm der Welt in Deutschland

1984

erstes Telefongespräch

1876

Stationenlernen Globalisierung
Wie unsere Welt zusammenwächst – Bestell-Nr. 12 396
KOHL VERLAG

Kommunikation – Kultur – Umwelt

Lösungen

Aufgabe 1:

Kommunikation - Internet	Kultur	Umwelt
weltweite Verständigung	Gleichstellung der Frau	steigender Energieverbrauch
Satellitentechnologie	Kontakt der Kulturen	Anstieg der Temperaturen
World Wide Web	Restaurants mit asiatischen Angeboten	Verbrennung fossiler Brennstoffe
Gruppierungen verbreiten ihre Ziele.	unabhängiges Rechtssystem	Anstieg des Meeresspiegels
Flut von Informationen	Verlust von Identität und Heimat	geringe Umweltstandards

Aufgabe 2:

1876	Alexander Graham Bell führt das erste Telefongespräch.
1923	Als Geburtsstunde des Rundfunks in Deutschland gilt der 29.10.1923.
1931	Am 22.08.1931 zeigt der Hamburger Erfinder Manfred von Ardenne auf der Berliner Funkausstellung das erste elektronische Fernsehgerät. Seine Technik erobert die Welt.
1935	Am 22.03.1935 wurde in Deutschland das erste regelmäßige Fernsehprogramm der Welt in Berlin ausgestrahlt.
1971	Ray Tomlinson hat im Jahr 1971 den ersten elektronischen Brief verschickt und gilt seitdem als Erfinder der E-Mail.
1984	In Deutschland wurde am 3.08.1984 die erste E-Mail empfangen: Michael Rotert von der Universität Karlsruhe empfing unter seiner Adresse „rotert@germany" eine Grußbotschaft von Laura Breeden („breeden@csnet-sh.arpa"), die einen Tag zuvor abgeschickt worden war.
1990	Das Internet wird für die kommerzielle Nutzung freigegeben und wird daher auch außerhalb der Universitäten und der amerikanischen Streitkräfte zugänglich.
2005	Im Jahr 2005 wurde die beliebte Video-Plattform You-Tube von Chad Hurley, Steve Chen und Jawed Karim gegründet.

Umwelt – Politik

Aufgabe 1: *Mach jeweils rechts neben dem richtigen Begriff ein Kreuz. Es sind mehrere Kreuze möglich.*

a) Welches ist kein Umweltproblem?							
Vergrößerung des Ozonlochs		Anstieg des Meeresspiegels		Schmelzen der Gletscher		Drogenkonsum von Jugendlichen	

b) Was ist für den Umweltschutz nicht förderlich?							
Atomkraftwerke		Recycling		Bio-Kompost		immer mehr Autos	

c) Welche Organisationen beschäftigen sich mit Umwelt- und Naturschutz?							
Diakonie		WWF		Rotes Kreuz		Greenpeace	

d) Welcher Begriff steht für „Wiederverwertung“?							
Bio-Tonne		Restmüll		Recycling		Sondermüll	

Aufgabe 2: *Verbinde die Teile zu Sätzen, die Buchstaben ergeben ein Lösungswort. Schreibe die vollständigen Sätze ins Heft.*

1	2	3	4	5	6	7	8

1	Durch Industrialisierung und Bevölkerungswachstum
2	Der Verbrauch natürlicher Ressourcen führt zu vermehrter Umweltbelastung,
3	Bis 2020 sollten die Treibhausgase in der EU
4	Effektiver Umweltschutz erfordert auch eine sinnvolle Koordinierung
5	Die EU engagiert sich intensiv für die Lösung der globalen Umweltprobleme.
6	Die EU-Umweltpolitik basiert auf dem Verursacherprinzip:
7	Die Verbrennung fossiler Brennstoffe wie Öl
8	Menschen aus Entwicklungs- und Schwellenländern kommen zum Arbeiten

B	von Umweltpolitik mit Wirtschafts-, Verkehrs- und Agrarpolitik.
O	um mindestens 20% im Vergleich zu 1990 verringert werden.
M	ist eine der wichtigsten Ursachen für den Klimawandel.
R	z.B. Luftverschmutzung, Anstieg der Temperaturen und des Meeresspiegels.
E	Wer eine Verschmutzung herbeiführt, muss sie auch beseitigen.
E	oder als Wirtschaftsflüchtlinge in wirtschaftlich starke westeuropäische Länder.
P	steigt der Energieverbrauch.
L	Sie investiert in Programme zum Schutz der Ozonschicht, zum Schutz der Wälder und zur Erhaltung der Artenvielfalt.

Aufgabe 3: *Für welche globalen Probleme bzw. ihre Bewältigung stehen die Symbole?*

Stationenlernen Globalisierung
Wie unsere Welt zusammenwächst – Bestell-Nr. 12 396
KOHL VERLAG

Umwelt – Politik

Lösungen

Aufgabe 1: **a)** Drogenkonsum von Jugendlichen, **b)** Atomkraftwerke, immer mehr Autos, **c)** WWF, Greenpeace, **d)** Recycling

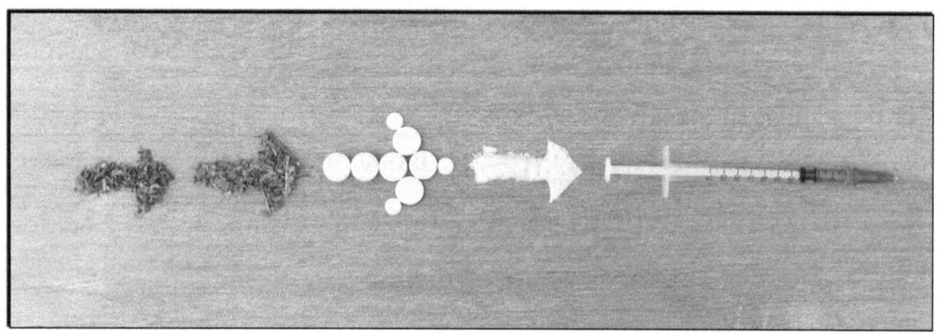

Aufgabe 2: Lösungswort: **PROBLEME**

1	Durch Industrialisierung und Bevölkerungswachstum steigt der Energieverbrauch.
2	Der Verbrauch natürlicher Ressourcen führt zu vermehrter Umweltbelastung, z.B. Luftverschmutzung, Anstieg der Temperaturen und des Meeresspiegels.
3	Bis 2020 sollten die Treibhausgase in der EU um mindestens 20% im Vergleich zu 1990 verringert werden.
4	Effektiver Umweltschutz erfordert auch eine sinnvolle Koordinierung von Umweltpolitik mit Wirtschafts-, Verkehrs- und Agrarpolitik.
5	Die EU engagiert sich intensiv für die Lösung der globalen Umweltprobleme. Sie investiert in Programme zum Schutz der Ozonschicht, zum Schutz der Wälder und zur Erhaltung der Artenvielfalt.
6	Die EU-Umweltpolitik basiert auf dem Verursacherprinzip: Wer eine Verschmutzung herbeiführt, muss sie auch beseitigen.
7	Die Verbrennung fossiler Brennstoffe wie Öl ist eine der wichtigsten Ursachen für den Klimawandel.
8	Menschen aus Entwicklungs- und Schwellenländern kommen zum Arbeiten oder als Wirtschaftsflüchtlinge in wirtschaftlich starke westeuropäische Länder.

Aufgabe 3: *Für welche globalen Probleme bzw. ihre Bewältigung stehen die Symbole?*

Atomkraftwerke

Recycling

Ozonloch

WWF

Infoblatt

Übersicht

Die Globalisierung ist heute in aller Munde und bestimmt das alltägliche Leben der meisten Menschen. Manche Menschen bekämpfen die Globalisierung massiv, andere befürworten sie und vertreten die Meinung, es sei wichtig und notwendig, die Globalisierung weiter voranzutreiben.

Die Bundeskanzlerin Frau Dr. Angela Merkel am 24.01.2007:

Meine Damen und Herren, machen wir uns nichts vor: Globalisierung ist ein Wort, das viele Menschen verschreckt. Ich bin jedoch überzeugt: Das, was Globalisierung ausmacht, bietet der Welt heute viel mehr Chancen als Risiken. Sie bietet die große Chance zu mehr Frieden, Freiheit und Wohlstand. Damit sich jedoch diese positiven Kräfte der Globalisierung für alle Menschen entfalten können, müssen wir ein neues Gleichgewicht der Kräfte schaffen, im Welthandel, im Ressourcenverbrauch, in der Bildung, im Kampf gegen AIDS, bei den Staatsfinanzen. Oder auf den Punkt gebracht: Wir brauchen eine Weltwirtschaft, die sich den Regeln eines fairen Ordnungsrahmens verpflichtet. Es ist nicht wahr, dass der Staat durch die Globalisierung entbehrlich oder machtlos wird. Der Erfolg der Sozialen Marktwirtschaft in Deutschland ist hierfür das beste Beispiel. Es ist vielmehr wahr: Mit den richtigen politischen Rahmenbedingungen können wir die Globalisierung gestalten. Dazu will mein Land nach Kräften seinen Beitrag leisten. Herzlichen Dank!

Gegenbewegungen

Nach Auffassung von Globalisierungskritikern werden die G20-Staaten – die 20 mächtigsten Staaten der Welt – weder ihrer Rolle in der Entwicklungspolitik noch in der Klima- und Umweltpolitik gerecht. Statt „Wohlstand für alle“ bedeute Globalisierung ein weiteres Aufspreizen der Schere zwischen Arm und Reich. Statt globaler Klimapolitik bedeute sie globale Erwärmung und unumkehrbaren Klimawandel. Zuletzt hat der Ausbruch der sogenannten Corona-Pandemie die Notwendigkeit gezeigt, den Sinn nationalstaatlicher Politik in einer global verflochtenen Welt kritisch zu hinterfragen. Einerseits beförderte der weltweite Handels- und Reiseverkehr die Ausbreitung des Covid19-Virus über die gesamte Welt. Andererseits führten die Lockdowns in den betroffenen Staaten schnell zu Lieferengpässen und Produktionseinstellungen, weil Liefer- und Absatzketten zusammenbrachen.

Die Globalisierung ist ein ständiger Prozess, der Vor- und Nachteile mit sich bringt. Die Verflechtung in den Bereichen Wirtschaft, Politik, Bildung, Umwelt, Kultur, Handel, Transport und Gesellschaft bietet viele Chancen, birgt aber auch eine Anzahl von Risiken.

Vorteile	Nachteile
• größere Warenangebote → sinkende Preise • Erleichterung des Alltags für den Verbraucher • soziale Mobilität: Noch nie war es so einfach, schnell in andere Länder zu reisen. • internationale Arbeitsmöglichkeiten: Die Reisefreiheit ermöglicht es, im anderem Land zu arbeiten. • Welthandel und globale Zusammenarbeit • Viele Länder profitieren von technischem Fortschritt. • Wirtschaft wird durch Globalisierung weltweit angetrieben und wächst. • Unternehmen haben mit der Globalisierung bessere Möglichkeiten ihre Produkte weltweit zu vermarkten. • durch Wachstum mehr Wohlstand • Rezessionen abwenden, Aufschwung einleiten • kennen lernen der Gewohnheiten anderer Kulturen • mehr Verständnis und Toleranz anderer Kulturen	• Arbeitsplätze werden in Niedriglohnländer verlagert. • Verlust an Arbeitsplätzen • Ausbeutung von Arbeitskräften und geringe Sozialstandards in Niedriglohnländern • „Global Players“ haben viel wirtschaftlichen Einfluss. • wachsende Schere: arme ↔ reiche Länder • ungerechte Verteilung des Wohlstandes • Abhängigkeit von anderen Ländern • Spezialisierung → weite Transporte → Umweltdruck • niedrige Auflagen zum Umweltschutz • Verschärfung der globalen Kriminalität • Internationales Strafrecht hat Nachholbedarf. • Durch die Vernetzung verschwinden viele Sprachen. • Mit der Sprache geht auch die Kultur zugrunde. • McDonaldisierung – Amerikanisierung • Verlust von Kulturen: Einheitskultur statt Vielfalt

KOHL VERLAG Stationenlernen Globalisierung Wie unsere Welt zusammenwächst – Bestell-Nr. 12 396

Infoblatt

Chancen

- **Umfangreiches Warenangebot - großes Güterangebot und sinkende Preise**

Das umfangreiche und fast zu jeder Zeit verfügbare Warenangebot ist eine der großen Vorteile der Globalisierung. Beispiele dafür sind Obst/Gemüse aus Südamerika, Käse/Schokolade aus der Schweiz, Kakao/Kaffee aus Afrika, Autos/Smartphones aus Japan/Südkorea usw.

- umfangreichere und größere Warenangebote führen zu sinkenden Preisen;
- Erleichterung des alltäglichen Lebens für den Verbraucher.

- **Größere Mobilität von Gütern und Personen**

Dank der weltweiten Vernetzung ist es heute möglich, Güter und Waren innerhalb kurzer Zeit an Zielorte auf der ganzen Welt zu transportieren. Die Mobilität von Gütern und Personen hat den Handel mit Waren und die Touristikbranche angekurbelt.

- soziale Mobilität: Noch nie war es so einfach, ohne großen Aufwand in andere Länder zu reisen.
- Die Reisefreiheit bietet auch die Voraussetzungen in einem anderen Land zu arbeiten.

- **Förderung der globalen Zusammenarbeit**

Es gibt eine vermehrte Zusammenarbeit in der Wirtschaft und im Handel. Die Zusammenarbeit und der Austausch in der Forschung und Entwicklung, z.B. im Bereich der Medizin hat sich verstärkt. Es werden heute aber auch Forschung-und-Entwicklungs-Dienstleistungen aus dem Ausland importiert. Viele Länder können von den technischen Fortschritten profitieren. Gerät ein Staat in Not, kann er Hilfen von anderen Staaten erhalten, z.B. bei Naturkatastrophen. Durch die globale Zusammenarbeit kann man auf lange Sicht auch die Menschenrechte besser durchsetzen.

- internationaler Handel (Welthandel und globale Zusammenarbeit);
- Viele Länder profitieren von den technischen Fortschritten.

- **Ankurbelung der Weltwirtschaft - internationaler Handel (Welthandel)**

Im Zusammenhang mit der Globalisierung haben sich zahlreiche Unternehmen aus Industriestaaten in Entwicklungs- und Schwellenländern niedergelassen und dort neue Arbeitsplätze geschaffen. Das wiederum führte dazu, dass die Wirtschaftsleistung dieser Staaten angestiegen ist und so auch zur Bekämpfung der Armut beigetragen hat. Die Globalisierung wirkt sich daher nicht nur auf die Unternehmen, sondern auch auf die einzelnen Menschen positiv aus. Beispiele dafür sind China und Indien, die durch die Globalisierung einen deutlichen Wirtschaftsaufschwung erlebt haben.

- Die Wirtschaft wird durch die Globalisierung weltweit angetrieben und wächst.
- Unternehmen können wegen der Globalisierung ihre Produkte weltweit besser vermarkten.

- **Mehr Wachstum und Wohlstand in Industrie-/Schwellenländern**

Grundsätzlich wird in den Industrieländern das Wirtschaftswachstum als Indikator für mehr Wohlstand und als geeignetes Mittel für angeschlagene Volkswirtschaften angesehen. Es soll dazu beitragen, Rezessionen abzuwenden und einen wirtschaftlichen Aufschwung einzuleiten. Durch Wachstum sollen die Schwellenländer die Möglichkeit haben, zu Industrienationen aufzusteigen.

- durch Wachstum mehr Wohlstand;
- Rezessionen abwenden und wirtschaftlichen Aufschwung einleiten.

- **Kulturen wachsen zusammen**

Zur kulturellen Globalisierung gehören u.a. die Reisefreiheit, der Jugendaustausch, die Musik, die Kunst, die Mode, kulturelle Gewohnheiten/Traditionen, etc. Durch die Globalisierung werden unterschiedliche Bereiche der jeweiligen Kultur wie z.B. die Essgewohnheiten, die Art der Freizeitbeschäftigung, das Wohnen, moralische Vorstellungen und Verhaltensweisen, das Familienleben und die Stellung der Frau etc. durch das Internet, Fernsehen, Mobilfunk und die sozialen Netzwerke über die Grenzen eines Landes bekannt und anderen mitgeteilt. Es könnte eine weltweite Hyper-Kultur (hyper = über) entstehen, die die verschiedenen Punkte der jeweiligen Kulturen zu einer gemeinsamen Kultur vereint.

- Kennenlernen der Gewohnheiten anderer Kulturen;
- mehr Verständnis und Toleranz gegenüber anderen Kulturen.

Infoblatt

Risiken (1)

- **Auswirkungen auf den Arbeitsmarkt**

Verlierer der Globalisierung findet man in den sogenannten reichen Ländern genauso wie in den armen Ländern. So verlieren z.B. Arbeitnehmer in Deutschland ihren Job, weil Unternehmen ihre Produktion in andere Länder verlagern. Gleichzeitig schwindet der Einfluss von Arbeitnehmerorganisationen.

Arbeitsplätze, die von weniger qualifizierten Frauen und Männern besetzt sind, werden immer mehr in sog. „Niedriglohnländer" verlagert. Beispiele dafür sind die Textilproduktionen in Bangladesch, China, Rumänien und Indien. Hier werden Textilien vorwiegend von Frauen unter ganz schlechten Arbeitsbedingungen zu Hungerlöhnen hergestellt. Lange Arbeitszeiten und eine ungenügende soziale Absicherung kommen noch hinzu. Auch Kinderarbeit ist in vielen Ländern immer noch ein aktuelles Thema.

Alte Textilien, die einst für europäische Unternehmen in Ost- und Südasien hergestellt wurden, werden z.B. in Deutschland wieder eingesammelt und in Ballen nach Afrika verschifft, um dort wieder verkauft zu werden. Dadurch zerstören sie bereits vorhandene Strukturen der Textilproduktion – Beispiel Tansania. Typische europäische Niedriglohnländer sind Bulgarien, Rumänien oder Litauen. Je weiter östlich oder südöstlich ein Staat liegt, umso eher gehört er zu den Niedriglohnländern.

- Arbeitsplätze werden in Niedriglohnländer verlagert.
- Ausbeutung von Arbeitskräften und geringe Sozialstandards in Niedriglohnländern.

- **Dominanz der Industrienationen - verschärfter Wettbewerb weltweit**

Wichtige Entscheidungen werden meistens von den Industrienationen getroffen, die Entwicklungsländer haben nur beschränktes Mitspracherecht. Die „Schwachen" haben durch den verschärften weltweiten Wettbewerb keine Chancen. Großkonzerne („Global Players") haben aufgrund ihrer Ressourcen, Kontakte und finanziellen Mittel sehr gute Voraussetzungen, um sich immer auf fremden Märkten zu etablieren. Sie verdrängen dadurch die kleinen lokalen ortsansässigen Industrien.

Diese mächtigen Konzerne haben häufig auch Einfluss auf die Politik des jeweiligen Landes; dadurch überlagern ihre Interessen nach Gewinnmaximierung die nationalen Interessen. Die Schere zwischen armen und reichen Ländern wird dadurch immer größer.

- „Global Players" haben in wirtschaftlicher Hinsicht viel Einfluss.
- Die Schere zwischen armen und reichen Ländern vergrößert sich.

- **Belastung der Umwelt**

Der hohe Grad an Spezialisierung führt meistens dazu, dass Produkte auf der ganzen Welt gefertigt und danach über weite Strecken transportiert werden. Häufig werden diese Produkte in Schwellenländern in Fabriken mit alter (überholter) Technik hergestellt, die hohe Emissionen ausstoßen. Außerdem wird die Umwelt beim Transport über weite Distanzen stark belastet.

Die Konkurrenz der Unternehmen hat ein globales Ausmaß angenommen. Maßnahmen zum Schutz der Umwelt verringern in der Regel die Wettbewerbsfähigkeit und sind damit für kein Land lukrativ. Länder mit den niedrigsten Auflagen zum Umweltschutz sind für Unternehmen dagegen am attraktivsten. Viele Industrienationen haben inzwischen weitreichende Maßnahmen zum Umweltschutz getroffen: CO2-Ausstöße wurden reguliert, Naturparks eingerichtet, Vorgaben zur Mülltrennung gemacht. Unternehmen, die in diesen Ländern angesiedelt sind, müssen die Umweltauflagen beachten und werden dadurch in ihrer Wettbewerbsfähigkeit beeinträchtigt. Weniger entwickelte Länder sehen oft ihr Recht darin, erst noch wirtschaftlich die Industrieländer einzuholen, bevor sie Umweltschutzmaßnahmen einleiten. Wenn das eintreten sollte, wäre die Erde wahrscheinlich nicht mehr zu retten.

- hohe Umweltbelastung durch Spezialisierung und weite Transporte;
- niedrige Auflagen/Gesetze zum Umweltschutz.

Stationenlernen Globalisierung
Wie unsere Welt zusammenwächst – Bestell-Nr. 12 396

Infoblatt

Risiken (2)

- **Verschärfung der globalen Kriminalität**

Die internationale Kriminalität ist in den letzten Jahren stark angestiegen. Durch die zunehmende Vernetzung im organisierten Verbrechen wird es auch immer schwieriger, Kriminelle zu erfassen und zu verhaften. Während die Kriminellen gut vernetzt und informiert sind, ist leider häufig die internationale Handlungsfähigkeit begrenzt, da das internationale Strafrecht großen Nachholbedarf hat. Nur wenn diese Lücken aufgearbeitet und geschlossen werden, kann man verhindern, dass Kriminelle in anderen Staaten untertauchen, um einer Strafe zu entgehen.

- Verschärfung der globalen Kriminalität - weniger Grenzkontrollen; - Internationales Strafrecht hat Nachholbedarf.

- **Sprachen verschwinden**

Heute ist es fast selbstverständlich, dass jeder in der Schule Englisch lernt, um sich mit Menschen in der ganzen Welt unterhalten zu können. Englisch hat sich als Standardsprache bei der internationalen Kommunikation etabliert und wird in den allermeisten Ländern als erste Fremdsprache gelehrt.

Durch die zunehmende Vernetzung der Welt werden wissenschaftlichen Prognosen zufolge bis Ende des Jahrhunderts 50-90% der heutigen Sprachen verschwinden. „Seit den 1970er Jahren hat sich das globale Aussterben von Sprachen rasant beschleunigt", sagte der Kölner Sprachwissenschaftler Nikolaus Himmelmann.

Vielfältige Sprachen in dieser Welt sind ein Ausdruck der vielfältigen Kulturen. Geht eine Sprache zugrunde, hat das zur Folge, dass eine ganze Kultur damit zugrunde geht.

- Durch die Vernetzung verschwinden viele Sprachen. - Mit der Sprache geht auch eine Kultur zugrunde.

- **Gefährdung kultureller Vielfalt**

Globalisierungsgegner befürchten die Entstehung einer globalen Einheitskultur und umschreiben dies mit den Begriffen der „McDonaldisierung" oder „Cocacolonization". Sie kritisieren auch die Ausbreitung westlicher Wertvorstellungen wie Lebensstile, Essgewohnheiten, Mode, Musik und der vorwiegend amerikanisch produzierten Filme über die Telekommunikationskanäle. Besonders islamisch geprägte Länder sehen darin eine Unterwanderung, die sie für ihre Kultur und ihren Lebensstil als eine Gefahr ansehen.

Mit einer unangepassten oder zu schnellen Übernahme von Essgewohnheiten einer anderen Kultur geht oft sogar ein verstärktes Auftreten von Zivilisationskrankheiten einher – Beispiel: Diabetes.

- McDonaldisierung - Einheitskultur statt Vielfalt der Kulturen.

Chancen – Risiken (1)

Aufgabe 1: *Verbinde die Teile zu sinnvollen Sätzen, die Buchstaben ergeben geordnet ein Lösungswort. Schreibe die vollständigen Sätze in dein Heft.*

!

1	2	3	4	5	6	7	8

1	Oder auf den Punkt gebracht: Wir brauchen eine Weltwirtschaft,	**U**	der sowohl Vorteile als auch Nachteile mit sich bringt.
2	Es ist falsch, dass der Staat durch Globalisierung entbehrlich oder machtlos wird.	**N**	heute viel mehr Chancen als Risiken.
3	Statt „Wohlstand für alle" bedeutet Globalisierung	**R**	Unternehmen und Personen nehmen durch Globalisierung immer mehr zu.
4	Statt globaler Klimapolitik bedeutet sie	**E**	werden sie durch die internationale Verflechtung häufig noch verschärft.
5	Die Globalisierung ist ein ständiger Vorgang (ein Prozess),	**L**	ein weiteres Aufspreizen der Schere zwischen Arm und Reich.
6	Wirtschaftliche und politische Beziehungen zwischen Staaten,	**K**	die sich den Regeln eines fairen Ordnungsrahmens verpflichtet.
7	Treten Probleme im ökonomischen, kulturellen oder ökologischen Bereich auf,	**U**	Der Erfolg der sozialen Marktwirtschaft in Deutschland ist das beste Beispiel.
8	Globalisierung bietet der Welt	**T**	globale Erwärmung und unumkehrbaren Klimawandel.

Aufgabe 2: *Erkennst du, was für (+) und was gegen (-) das Internet spricht? Kreuze an. Lies dann von unten nach oben zuerst die Felder ohne und dann die mit den Kreuzen.*

★

	+	-
unbegrenztes Informationsangebot	T	R
Möglichkeiten, behinderte Menschen einzubeziehen	L	E
wenig Bewegung - ungesunde Lebensweise	D	I
Aktualität und Austausch von Informationen	E	N
Globale Kommunikation ist möglich.	W	Ü
Gefahr der persönlichen Vereinsamung	S	G
Aufbau einer virtuellen Welt, die mit der realen Welt kaum was gemein hat.	E	N
Bedrohungen wie Viren oder Spam	G	A
Geschwindigkeit des Mediums	L	D
Darstellung und Wahrnehmung von unerwünschten Inhalten	N	E
zeitliche Unabhängigkeit (24 Stunden erreichbar)	G	U
insgesamt geringer sozialer Kontakt	N	R
Kontaktaufnahme zu gefährlichen Inhalten und Personen	E	H
Netz wird von Kriminellen missbraucht	D	E
schnelle Verfügbarkeit des nationalen und internat. (Informations-)Angebots	S	N
tolle Unterhaltungsmöglichkeiten	D	U
Internetsucht - Spielsucht	B	N
geringe Kosten und große Verbreitung	U	R
Verbreitung von Gewalt und Kinderpornografie	E	K
Kommunikation in der Familie verschlechtert sich	V	N
grafische Benutzeroberfläche	A	R
leichterer Zugang zum Lernen	R	E
endlose Seiten und Bildungsressourcen	K	B
Gefahr von fiesen Mobbingattacken	E	S
Anonymität und Bequemlichkeit	I	L
Homeoffice ermöglicht Online-Arbeit.	A	L

KOHL VERLAG Stationenlernen Globalisierung Wie unsere Welt zusammenwächst – Bestell-Nr. 12 396

Chancen – Risiken (1)

Lösungen

Aufgabe 1: Lösungswort: **KULTUREN**

Aufgabe 2: Lieber verbunden und gesünder als krank und sehr gelangweilt.

Zusatzaufgabe:

Nenne 3 Punkte, die du persönlich als besonders vorteilhaft, und 3 Punkte, die du als besonders nachteilig ansiehst.

Chancen – Risiken (2)

Aufgabe 1: **a)** *Ergänze die folgenden Erscheinungsformen in der breiten Spalte.*

!

zurückgehender Einfluss der Gewerkschaften • Toleranz gegenüber anderen Kulturen nimmt zu. • Austausch und Verständigung schnell und immer möglich • Standortrivalität der Nationalstaaten • Binnenmarkt der EU • schnelle und günstige Reise- und Transportmöglichkeiten • Klimaveränderung, Luft- und Umweltverschmutzung

b) *Beurteile und kreuze an, ob es jeweils mehr Chancen (+) oder Risiken (-) gibt.*

kommunikativ

ökologisch

kulturell

politisch

sozial

wirtschaftlich

Erscheinungsformen	+	-
Internet, E-Mail, weltweit empfangbare Fernsehsender		
___________________________		
___________________________		
Umweltprobleme können global angegangen und gelöst werden.		
Kulturen und Sprachen verschwinden.		
___________________________		
Nationalstaaten verlieren an Bedeutung.		
___________________________		
___________________________		
Arbeitslosigkeit durch Standortverlagerungen		
weltweiter Abbau von Handelsbeschränkungen		
___________________________		
___________________________		

Aufgabe 2: *Eine gute Idee - Umweltprobleme global lösen. Gibt es bei der UNO eine Welt-Umweltorganisation?*

Aufgabe 3: *Noch eine gute Idee - Arbeitsbedingungen global verbessern. Kennst du dieses Symbol? Um welche Organisation handelt es sich und welche Aufgaben nimmt sie wahr? Recherchiere im Internet.*

Stationenlernen Globalisierung
Wie unsere Welt zusammenwächst – Bestell-Nr. 12 396
KOHL VERLAG

Chancen – Risiken (2)

Lösungen

Aufgabe 1: **a) + b)**

	Erscheinungsformen	+	-
kommunikativ	Internet, E-Mail, weltweit empfangbare Fernsehsender	X	
	Austausch und Verständigung schnell und immer möglich	X	
ökologisch	**Klimaveränderung, Luft- und Umweltverschmutzung**		X
	Umweltprobleme können global angegangen und gelöst werden.	X	
kulturell	Kulturen und Sprachen verschwinden.		X
	Toleranz gegenüber anderen Kulturen nimmt zu.	X	
politisch	Nationalstaaten verlieren an Bedeutung.		X
	Standortrivalität der Nationalstaaten		X
sozial	**zurückgehender Einfluss der Gewerkschaften**		X
	Arbeitslosigkeit durch Standortverlagerungen		X
wirtschaftlich	weltweiter Abbau von Handelsbeschränkungen	X	
	Binnenmarkt der EU	X	
	schnelle und günstige Reise- und Transportmöglichkeiten	X	

Aufgabe 2: Nein, es gibt aktuell keine Welt-Umweltorganisation bei der UNO. Eine Welt-Umweltorganisation existiert bislang nur in den Vorstellungen zur Reform der Vereinten Nationen. Sie ist als Nachfolgeorganisation zum UN-Umweltprogramm UNEP konzipiert. Dann könnte sie unter dem Dach der Vereinten Nationen an dessen Stelle treten und eine bedeutende Stärkung der Weltumweltpolitik nach sich ziehen.

Aufgabe 3: Dieses Symbol steht für ILO = „International Labour Organization" = „Internationale Arbeitsorganisation".

Diese wurde am 11.04.1919 in Genf gegründet. Die ILO ist die älteste Sonderorganisation der Vereinten Nationen. Ihre Aufgabe ist die Förderung der sozialen Gerechtigkeit und die Verbesserung der Arbeitsbedingungen in der ganzen Welt.

Produktion - Niedriglohnländer

Aufgabe 1: *Suche die Beispiele (rechts) für sogenannte Niedriglohnländer auf der Karte und verbinde die Namen mit den Länderumrissen durch eine Linie. Was fällt dir auf?*

Weitere Beispiele für Niedriglohnländer findet man in Asien. Hier sind die Sozialstandards und Umweltauflagen gering. Viele westliche Firmen lassen deshalb verstärkt Textilien in diesen Ländern Asiens herstellen.

Aufgabe 2: *Erkennst du diese Länder an den Umrissen? Recherchiere ...*

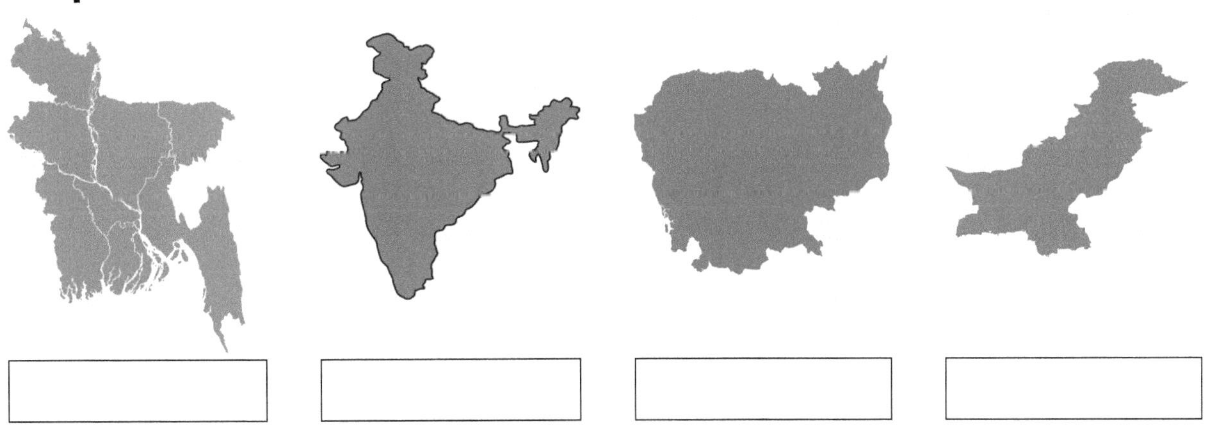

Aufgabe 3: *Wieviel Menschen arbeiten in Bangladesch in der Textilindustrie und wieviel sind davon Frauen? Recherchiere im Internet.*

Stationenlernen Globalisierung
Wie unsere Welt zusammenwächst – Bestell-Nr. 12 396
KOHL VERLAG

Produktion - Niedriglohnländer

Lösungen

Aufgabe 1: Sie liegen alle im Osten von Europa.

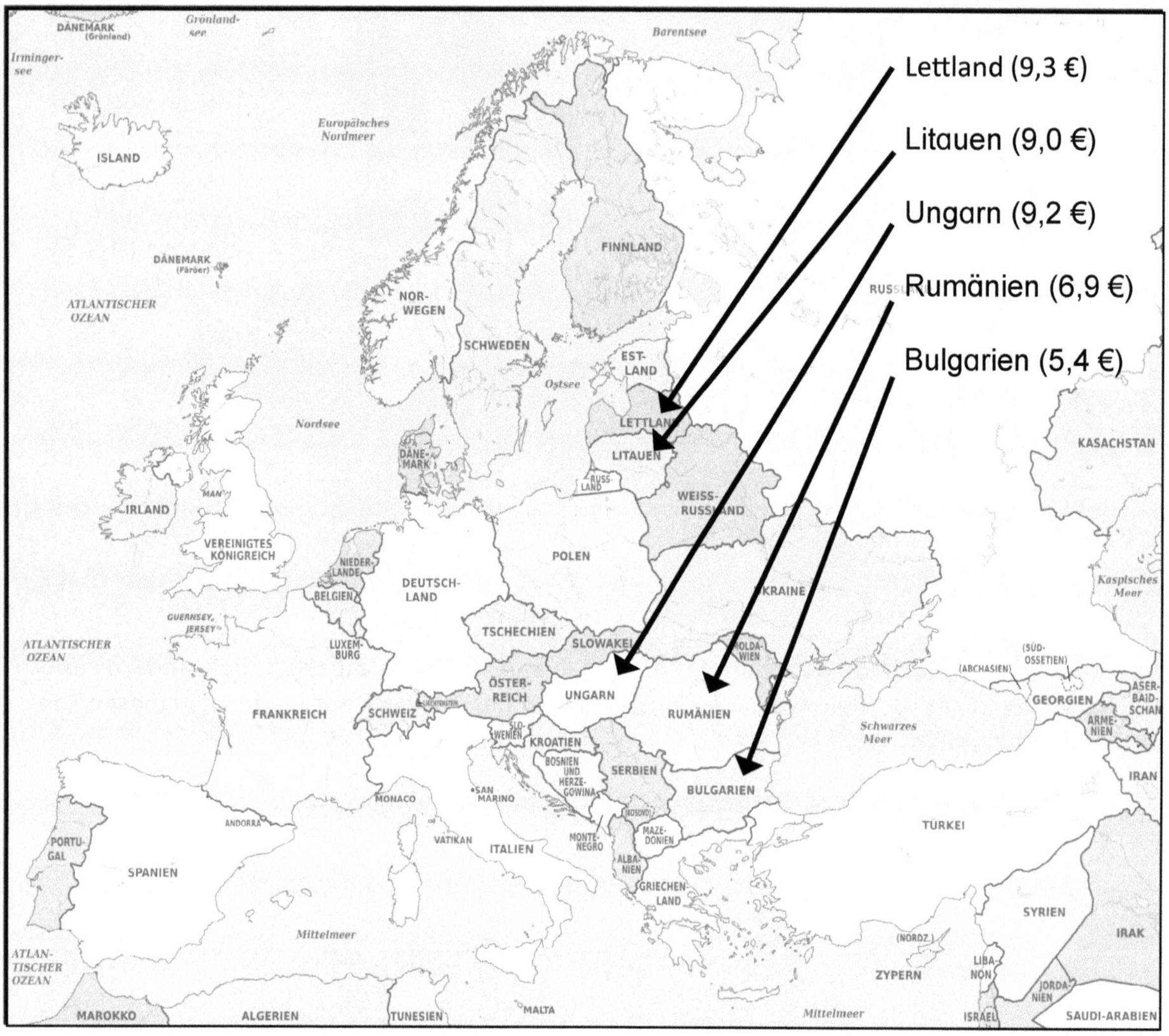

Lettland (9,3 €)
Litauen (9,0 €)
Ungarn (9,2 €)
Rumänien (6,9 €)
Bulgarien (5,4 €)

Aufgabe 2:

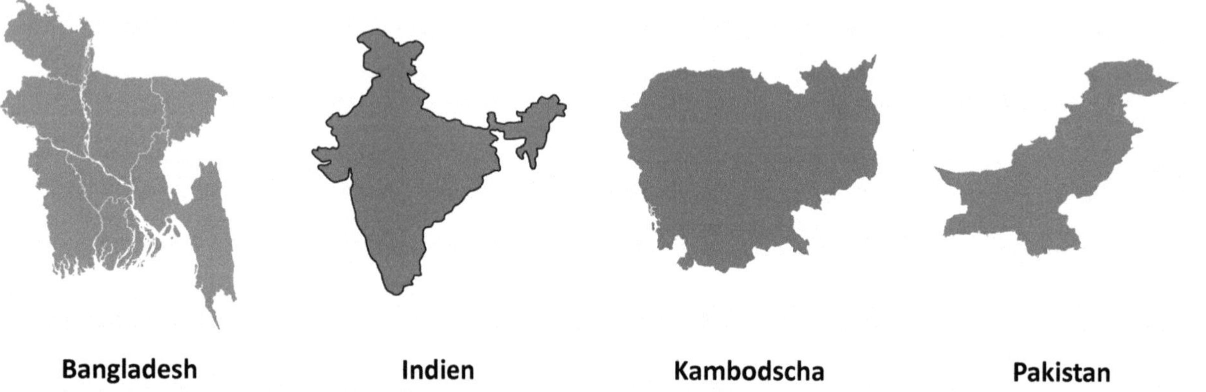

Aufgabe 3: In Bangladesch sind ca. 3,5 Mio. Textilarbeiter beschäftigt, davon 80% Frauen.

Wirtschaft – Handel im Alltag

Aufgabe 1: **Frühstück bei Familie Schulze**

!

a) *Setze die folgenden Begriffe an die richtigen Stellen im Text.*

französischen • Ecuador • Irland • der Elfenbeinküste • Brasilien • Bangladesch • Vietnam • China • Indonesien • japanischen • südkoreanischen • schweizer

Jan mag gern Vollkornbrötchen mit ________________ Käse. Seine Schwester Nicole ist ein Fan von ____________________ Croissants mit Butter aus ______________ .

Beide trinken morgens Kakao, dessen Bohnen in ________________ geerntet worden sind. Die Eltern trinken beide Kaffee zum Frühstück, dessen Bohnen in ________________ geerntet worden sind. Zum Abschluss des Frühstücks essen beide Kinder noch eine Banane aus ______________ .

Nicole trägt eine Bluse eines schwedischen Unternehmens, das in ______________ herstellen lässt. Jan hat heute seine neuen Sportschuhe eines US-amerikanischen Herstellers angezogen, der seine Produkte hauptsächlich in ______________ , ______________ und ______________ anfertigen lässt.

Nach dem Frühstück bringt die Mutter Jan und Nicole mit einem ________________ Auto zur Schule. Der Vater telefoniert gerade mit einem ____________________ Smartphone und koordiniert seine Termine.

b) *Nenne die Vor- und Nachteile der beim Frühstück genannten Produkte. Wie werden sie hergestellt, woher kommen sie, wie verfügbar sind sie usw.?*

Vorteile	Nachteile

Stationenlernen Globalisierung
Wie unsere Welt zusammenwächst – Bestell-Nr. 12 396
KOHL VERLAG

Wirtschaft – Handel im Alltag

Lösungen

Aufgabe 1: **a)** Jan mag gern Vollkornbrötchen mit schweizer Käse. Seine Schwester Nicole ist ein Fan von französischen Croissants mit Butter aus Irland. Beide trinken morgens Kakao, dessen Bohnen in der Elfenbeinküste geerntet worden sind. Die Eltern trinken beide Kaffee zum Frühstück, dessen Bohnen in Brasilien geerntet worden sind. Zum Abschluss des Frühstücks essen beide Kinder noch eine Banane aus Ecuador.

Nicole trägt eine Bluse eines schwedischen Unternehmens, das in Bangladesch herstellen lässt. Jan hat heute seine neuen Sportschuhe eines US-amerikanischen Herstellers angezogen, der seine Produkte hauptsächlich in Vietnam, China und Indonesien anfertigen lässt.

Nach dem Frühstück bringt die Mutter Jan und Nicole mit einem japanischen Auto zur Schule. Der Vater telefoniert gerade mit einem südkoreanischen Smartphone und koordiniert seine Termine.

b)

Vorteile	Nachteile
freier Waren- und Produkthandel	Manche Produkte werden in Niedriglohnländern hergestellt.
Produkte sind jederzeit verfügbar	Niedriglohnländer → schlechter Lohn – geringe soziale Standards – kaum Umweltauflagen
kennenlernen von Waren aus anderen Ländern	Gewinnmaximierung der großen Unternehmen
erleichtern die Gestaltung des alltäglichen Lebens	viele Menschen wissen nicht, dass ihre Textilien in Niedriglohnländern produziert werden.
Möglichkeiten des Zugriffs auf viele Produkte	lange und spezielle Transporte

Infoblatt

Wie geht es weiter?

Veränderung der Globalisierung (1)

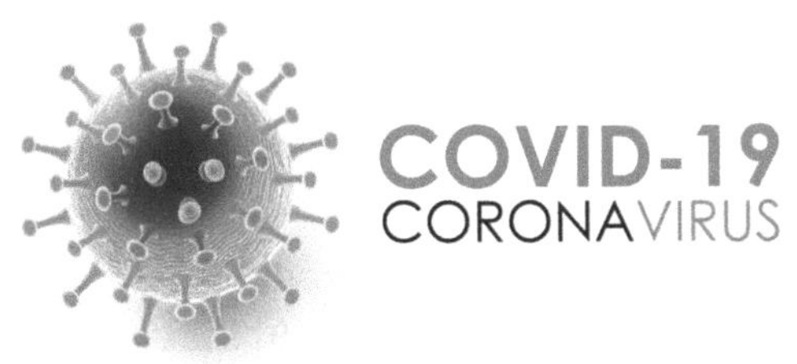

Die Corona-Pandemie hat die Phase/Zeit der Globalisierung in ihrer aktuellen Form beendet. Alle haben es bemerkt und sind davon gesundheitlich und/oder ökonomisch betroffen. Plötzlich schien die Welt stillzustehen, nicht überall zugleich, aber ein winziges Virus brachte ganz allmählich den Handel, den Transport, die Kultur, die Gastronomie, die Touristik, die Bildungseinrichtungen, die Lieferketten und die ganze Wirtschaft zum Erliegen. Das Besondere an dieser Krise ist zugleich unsere große Chance.

Corona stoppt Globalisierung

Krisen sind immer der Ausgangspunkt für Veränderungen

Über Jahrzehnte war die Globalisierung ein dynamischer Prozess, der immer größere Ausmaße annahm. Nun hat die Corona-Krise die Probleme der globalen Aufteilung von Arbeit/Produktion sichtbar gemacht. In Deutschland fehlten zunächst wichtige medizinische Hilfsmittel wie Atemschutzmasken zur Bekämpfung des Virus, weil diese Produkte vor allem im Ausland hergestellt wurden. Daimler und BMW traf die Pandemie schwer, weil wichtige Teile fehlten, standen ihre Bänder still. Die Lieferketten sind in der Pandemie die Achillesferse der deutschen Autoindustrie. Die wichtigsten Quellländer für Zulieferungen sind Tschechien, Frankreich, die USA, Italien und Spanien.

Wer Schutzkleidung und Medizingüter bisher in China eingekauft hat, wird in Zukunft nach Alternativen suchen, um die nationale Versorgungssicherheit zu gewährleisten. Aktuell und in der Zeit nach der Pandemie muss in den Unternehmen sicher über manche Auswirkungen der Globalisierung nachgedacht werden, z.B. über alternative Lieferwege/Zulieferungen, um Abhängigkeiten zu reduzieren. Kostenvorteile und Versorgungssicherheit gilt es gegeneinander abzuwägen. Die BMW Group legt größten Wert auf die Einhaltung von Umwelt- und Sozialstandards entlang der gesamten Wertschöpfungskette.

Über Alternativen nachdenken

Die Corona-Politik hat das Nationale wieder erstarken lassen. Während und nach der Corona-Krise wird es (wieder) zu Standortverlagerungen kommen. Die Auswirkungen der Coronakrise haben das Vertrauen in die globale Zusammenarbeit zumindest teilweise erschüttert. Ein „Weiter so" und eine vollständige Rückkehr zum "Normalbetrieb" wird es nicht geben. Hilfsbereitschaft und Solidarität während der Coronakrise sowie die Erkenntnis, sich mehr auf das Wesentliche zu konzentrieren, sind wichtige Voraussetzungen, um Veränderungen einzuleiten.

Systemrelevante Berufsgruppen rücken in den Vordergrund

Während der Coronakrise fragen sich immer mehr Menschen, was sie wirklich brauchen und was wirklich wichtig für sie ist. Hypermobilität und Dauershopping gehören sicher nicht dazu. Es ist ganz wichtig, dass das staatliche Gemeinwesen und die öffentliche Infrastruktur auch in Krisen funktioniert. Folgende Einrichtungen und Institutionen sind besonders wichtig – d.h. systemrelevant. Diese Bereiche müssen bei einer Neugestaltung bzw. Umorientierung der Wirtschaft nach Corona unbedingt beachtet werden.

Systemrelevante Berufsgruppen

Wasser-Versorgung und **Wasser-Entsorgung**

Gesundheitssystem: Krankenhäuser, Rettungsdienste, Altenpflege/Pflege, Apotheken, Labore, Arzneimittelhersteller

Bildungssystem: Kindergärten, Schulen und Universitäten

Energieversorgung

Kommunikation

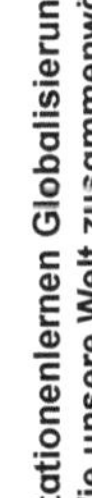

Infoblatt

Veränderung der Globalisierung (2)

Veränderungen - Beispiele

- Nach der Corona-Krise wird es zu Standortverlagerungen kommen, um Abhängigkeiten zu vermeiden; z.B. werden medizinische Hilfsmittel wieder in Deutschland oder in Nachbarländern hergestellt.
- Es werden wieder mehr Waren/Produkte in Deutschland hergestellt und gelagert, um für Krisenzeiten auf Vorräte (Pufferkapazitäten) zurückgreifen zu können.
- Die Vereinbarkeit von Arbeit/Beruf und Familie wird aufgrund der Erfahrungen während der Corona-Krise mehr in den Mittelpunkt rücken und verstärkt umgesetzt werden. Homeoffice und Büro/Werkstatt – es wird vermehrt Arbeits- und Zeitmodelle in modifizierter Form geben, um Beruf und Familie besser zu vereinbaren.

- Bildung/Schule: Aufgrund der Erfahrungen während der Pandemie wird der Präsenzunterricht und das Lernen zu Hause in Zukunft viel häufiger kombiniert werden. Die Schulen müssen in der Lage sein, den Schülerinnen und Schülern passende Lernangebote für das Lernen im Präsenzunterricht und für das häusliche Lernen per Videokonferenz anzubieten und zu praktizieren, damit Schüler und Lehrkräfte in einem datengeschützten Raum miteinander in Kontakt treten können.

Globalisierung neu denken

Im Alltag und in den Medien werden viele Diskussionen um eine mögliche **Deglobalisierung** geführt. Eine Abwendung von internationaler Zusammenarbeit, egal auf welcher Ebene oder auf welchem Gebiet, kann keine Lösung sein. Die globalen Herausforderungen wie der Klimawandel, die Umweltzerstörung und die Migration können nur gemeinsam und unter Einbeziehung möglichst vieler Länder gelöst werden. Man sollte nicht über Deglobalisierung reden sondern sich vielmehr Gedanken darüber machen und entsprechende Aktivitäten unterstützen, wie eine gerechtere Globalisierung unter einer fairen/gleichberechtigten Beteiligung möglichst vieler Länder ermöglicht werden kann. Damit Globalisierung gelingt und gerechter wird, müssen - statt günstiger zu produzieren und schneller zu transportieren - in Zukunft soziale, humanitäre und ökologische Gesichtspunkte im Mittelpunkt stehen.